L'ÉMEUTE

PANDÉMONIUM

PHOTOGRAPHIE EN CINQ ACTES ET EN VERS

PAR

SATAN

FOUS, FOLLES, BAVARDS, DUPES, IGNARES,
CANDIDATS A L'ÉCHAFAUD

LES OUVRIERS — LES CONSPIRATEURS
LES ASSEMBLÉES — LES COMBATS

SECONDE ÉDITION
TRÈS AUGMENTÉE

PARIS
IMPRIMÉ PAR PILLET ET DUMOULIN
5, RUE DES GRANDS-AUGUSTINS, 5
1881

L'ÉMEUTE

L'ÉMEUTE

PANDÉMONIUM

PHOTOGRAPHIÉ EN CINQ ACTES ET EN VERS

PAR

SATAN

FOUS, FOLLES, BAVARDS, DUPES, IGNARES,

CANDIDATS A L'ÉCHAFAUD

LES OUVRIERS — LES CONSPIRATEURS

LES ASSEMBLÉES — LES COMBATS

SECONDE ÉDITION

TRÈS AUGMENTÉE

PARIS

IMPRIMÉ PAR PILLET ET DUMOULIN

5, RUE DES GRANDS-AUGUSTINS, 5

1881

PERSONNAGES

SATAN

(tantôt invisible, tantôt sous divers costumes.)

UN VIEUX MINISTRE.
UN JEUNE MINISTRE.
UN EMPLOYÉ.

M. RIBALDOT. M. DELÉTAIRE. M. BIRBONE. M. SOUBAGNE.	Conspirateurs.
LE PRÉSIDENT. LE CITOYEN GAILLARD, ouvrier. LE CITOYEN INSULSE. LE CITOYEN LENOIR. LE CITOYEN LIBELLAIRE. LE POÈTE. DEUX VIEILLARDS. LE DÉMON SCÉLESTE. LE CITOYEN EXIFIPLAT. LA PRÉSIDENTE. LA CITOYENNE OLYMPIENNE. LA CITOYENNE EAUCLAIRE. LA CITOYENNE LIBÉRINE. LA CITOYENNE FOLLENVILLE. LA CITOYENNE MICHEL-ANGE.	Orateurs.

JOLICŒUR. BOURGUIGNON. LORRAIN. LEDOUX. TAUPIN, personnage muet.	Ouvriers.

DEUX JEUNES OUVRIERS.
M. LEDRU, manufacturier enrichi.
L'ARCHEVÊQUE.
UN VIEILLARD.
TROIS OFFICIERS.
UN SOLDAT.
UN PRISONNIER.
UN CHEF D'ESCORTE.
UN COMMISSAIRE DE POLICE.
UN SERGENT DE VILLE.
DIVERS INSURGÉS, hommes et femmes.
DIVERSES VOIX.
Mme BERNARD, marchande de vins.
Mme JOLICŒUR.
Mme BOURGUIGNON.
ARTÉNICE, fille de M. et de Mme Bourguignon.
DEUX DAMES DE CHARITÉ, pas très jeunes.

PRÊTRES. ÉTUDIANTS. OUVRIERS. GENDARMES. AGENTS DE POLICE. PRISONNIERS. FOULE D'INSURGÉS. TROUPE.	Personnages muets.

L'ÉMEUTE

ACTE PREMIER

LES OUVRIERS

SCÈNE PREMIÈRE

L'ENFER

SATAN.

Ai-je assez réussi! Dans cette absurde France,
Pouvais-je accroître plus mon antique puissance!
Peuple *spirituel!* Prodige si borné,
A force de gangrène est-il bien amené
Au pervertissement des parfaites doctrines
Qui pouvaient l'élever aux régions divines!
Mais depuis vingt ans presque, il semble sommeiller!
— Oh! que de temps perdu! — Je vais le réveiller.
La Révolution, parmi ses pires drôles,
A d'excellents acteurs, surtout pour les grands rôles.
Du sang depuis longtemps ils me doivent le goût;
Ils m'attendent tout prêts au fond de leur égout.

SCÈNE II

SALLE D'OUVRIERS

CHEZ Mme BERNARD, MARCHANDE DE VINS

Dans le fond, des étais soutiennent le plancher.

Mme BERNARD, SATAN, sous le costume de LAROSE, qu'il prend avec les ouvriers, BOURGUIGNON, LORRAIN, JOLICŒUR, ouvriers, PLUSIEURS OUVRIERS, personnages muets. Ils entrent en même temps.

SATAN (LAROSE).

A boire! A boire! et vite. Allons donc! Deux bouteilles.

BOURGUIGNON, à moitié ivre.

Deux? Si tu disais quatre! et toujours des pareilles.
Du fameux cachet vert!... Et nous paierons demain.

Mme BERNARD.

Crédit est mort.

BOURGUIGNON, aux ouvriers.

Chacun son argent à la main,
Et chacun sa tournée.

(Ils remettent de l'argent à Mme Bernard. Elle sort.)

JOLICŒUR.

Et mais! chacun est ivre.

BOURGUIGNON.

Vingt Dieux! D'où sors-tu donc? Faut-il t'apprendre à vivre?

SATAN (LAROSE).

Je m'en charge; pour rien je donne la leçon.
Tant qu'on peut dire encor : c'est trop peu de boisson,
On doit continuer. Mets ça dans ta caboche.

JOLICŒUR.

Pouah! le cœur me soulève.

SATAN (LAROSE).

A sa chaise on s'accroche;
On prend une bouteille; on la vide d'un coup...

JOLICŒUR.

Et l'on tombe par terre.

SATAN (LAROSE).

Il s'en faut de beaucoup :
On tombe sur la table... ou sous; on s'en fait gloire;
A tire larigot ensuite l'on peut boire.
Plus c'est dur, plus c'est bon : on en prendrait un seau,
On s'en ferait mourir.

JOLICŒUR.

Et l'on est un pourceau.

SATAN (LAROSE).

Pourceau toi-même! Tiens!

(Il jette son vin à la figure de Jolicœur.)

JOLICŒUR, jetant son verre plein à la tête de Satan qu'il manque.

Tu me cherches dispute,
Toi! Tiens! — Tu n'as pas fait encore la culbute :
La savate en avant! Je te vas enseigner
Ce qu'avec moi l'on gagne à se faire empoigner.

(Ils se mettent en ligne et commencent à se battre. Satan pare les coups, mais sans en porter.)
Tous les ouvriers se sont levés, et forment un cercle autour des combattants.

BOURGUIGNON.

Kis! Kis! Kis! les bons chiens!

Mme BERNARD, accourant et se précipitant entre les combattants. D'un côté elle repousse Jolicœur, et, de l'autre, Satan qui se laisse faire.

Chez moi pas de bataille!
Que l'on sorte à l'instant! Que dans la rue on aille!
Je n'ai jamais souffert de querelles ici;
Raccommodez-vous vite, et buvez sans souci.
Mais a-t-on jamais vu d'animaux si farouches!
Si vous vous voulez tuer, allez tuer mes mouches.
Un temps, deux mouvements : il se faut embrasser.
Plus vite que cela : je pourrais me lasser.

Çà! la main dans la main! L'un donne une taloche,
Et l'autre la lui rend ou la met dans sa poche,
Son mouchoir par-dessus : on redevient amis.
Allons les bons garçons! Ici pas d'insoumis.

(Satan et Jolicœur s'embrassent.)

LORRAIN.

Quelle femme!

BOURGUIGNON.

Un hussard! Elle vaut plus qu'un homme!

Mme BERNARD.

C'est fini, n'est-ce pas?... Et pas trop de rogomme.

BOURGUIGNON.

Bien, madame Bernard : chacun obéira.

(Mme Bernard sort.)

Viens ici, Jolicœur; on te rafraîchira.

JOLICŒUR.

Je n'en veux plus. Ma femme et mes enfants m'attendent.

LORRAIN.

C'est ta paie, imbécile, et non toi qu'ils demandent.
Combien as-tu d'enfants?

JOLICŒUR.

Trois, et ce n'est pas rien!

BOURGUIGNON.

Es-tu lâche! En quatre ans, ce n'est rien! Et combien,
Avant que d'épouser?

JOLICŒUR.

J'ai pris une sauvage.
Pas d'acompte avec elle avant le mariage.

BOURGUIGNON.

Ah! Vingt Dieux! je te plains. Trois enfants : pauvreté;
Six : la faim au logis; douze : prospérité.

LORRAIN, *tendant son verre.*

A boire, à boire, à boire ! En voilà des bêtises !
Tu vois bien, Bourguignon, en parlant tu te grises.

BOURGUIGNON.

En parlant, me griser ! Je me grise en buvant,
Galopin ! — Quand on met douze enfants en avant,
Curé de la paroisse, évêque de la ville,
Religieuses, vite arrivent à la file,
Heureux de secourir de bons parents chrétiens,
Qui pour peupler le monde emploient les grands moyens.
Dames de charité, bureaux de bienfaisance,
Font, à votre profit. aux cagots concurrence...
Les brutes ! Douze enfants, c'est comme un revenu.
De tout, à cause d'eux, on est entretenu ;
Bons de vin, et de pain, et de basse viande
Pleuvent chez vous. A perte il faut bien qu'on les vende ;
Mais ils donnent moyen d'acheter du filet,
Du vieux vin, des liqueurs, des petits pains au lait.
Quand la recette baisse et qu'on perd patience,
On parle à la bourgeoise, on lui flanque une danse ;
La charité reprend et redouble, à ses cris,
Et l'on se montre ainsi la perle des maris.
Ces bons petits enfants !... Quelque cafard de prêtre,
Bon à cela, leur fait d'avance reconnaître
Qu'envers de vieux parents si dévoués pour eux,
Le Seigneur a voulu qu'ils soient très généreux.
Pour son tabac pourtant, pour l'absinthe, on travaille ;
(On est las quelquefois de mangeaille et buvaille,)
Enfin, si tout vous manque, à l'âge des anciens,
L'hôpital, mes enfants, n'est pas fait pour les chiens.

SATAN (LAROSE), LORRAIN, ET D'AUTRES OUVRIERS.

Bravo ! Bravissimo ! Bourguignon est un homme !

BOURGUIGNON.

Oh ! les maudits criards ! Le tapage m'assomme.
Silence dans les rangs, alors qu'on vous instruit.

SATAN (LAROSE).

Pour que le vin profite, il faut boire sans bruit.
Qui donc a douze enfants?

LORRAIN.

Moi, j'en ai bien eu seize...

TOUS.

Seize!!!

LORRAIN.

Mais ils sont morts, comme crapauds sur braise.
J'en aurai d'autres! Bah! je veux aller au bout.
Pendant que j'y travaille et que je suis en goût,
En laissant sur dix mois un mois entier de trêve,
Je veux savoir combien, avant qu'elle ne crève,
Ma femme aura d'enfants. Et vive le Lorrain!

SATAN (LAROSE).

Es-tu donc *rigolo!* Te faut-il un parrain?

JOLICŒUR.

Pour le coup, ça m'amuse. — Encore une bouteille!

BOURGUIGNON.

Tu restes donc? Demande un verre de groseille,
Pour toi, pauvre petit : de l'absinthe pour nous.
Voilà par trop longtemps que nous sommes au doux.

(Mme Bernard apporte du vin et de l'absinthe, et en reçoit le prix.)

LES OUVRIERS.

A nos épouses!

BOURGUIGNON.

Oui, les femmes, ça rapporte,
Quand on sait mieux que moi choisir la bonne sorte,
Quand à notre profit elles font, en secret,
Le commerce qui rend le mari guilleret,

LORRAIN.

Le vin te fait la langue, et, de fil en aiguille,
Tu mets, en pot-au-feu, ta femme avec ta fille.

BOURGUIGNON.

As-tu bientôt fini, malin de quatre sous?
Trop parler nuit. Tais-toi. Je hurle avec les loups.

SCÈNE III

LES PRÉCÉDENTS, Mme JOLICŒUR

Mme JOLICŒUR, en entrant.

(A part.) (Haut.)

Je ne me trompais pas. Jolicœur!

JOLICŒUR.

La Bourgeoise!

BOURGUIGNON.

Madame Jolicœur, ne lui cherchez pas noise;
Il voulait nous quitter, mais nous le retenons.

Mme JOLICŒUR.

C'est faire à Jolicœur le plus grand des affronts.
Et depuis quand un homme a-t-il besoin d'excuse?
A-t-il volé sa paie?... Un instant il s'amuse.
Si quelqu'un par hasard ne le trouve pas bon,
Qu'il vienne me le dire! — Ah! monsieur Bourguignon,
Je suis bonne, c'est sûr, mais je sais fort bien mordre
Ceux qui veulent pousser un ménage au désordre.
En travaillant fort peu, même en ne rien faisant,
Exploitez femme et fille! En nous scandalisant,
A vous déshonorer usez votre vieillesse!
Mais ayez honte au moins de perdre la jeunesse.

BOURGUIGNON.

Le pauvre Jolicœur, Vingt Dieux! n'est qu'un marmot.
Nous ne le savions pas. Dès votre premier mot
Moi qui suis fin, plus fin que deux ou trois Gribouilles,
Je l'ai compris, Vingt Dieux! — Pourquoi me chanter pouilles?

Mme JOLICŒUR, sans répondre à Bourguignon.

Pour un travail aisé tout à fait important,
Qui te plaira, mon homme, au logis on t'attend.

BOURGUIGNON.

Il va se dépêcher. Il ira tout de suite,
Il gagnera le prix de sa bonne conduite.

Au travail l'a-t-on vu jamais se rebiffant
Dans neuf mois vous aurez un quatrième enfant.

Mme JOLICŒUR.

Entends-tu, Jolicœur?

JOLICŒUR.

Respecte mon épouse,
Ou tu vas, Bourguignon, te mettre dans la blouse.
Tu sais : de deux jours l'un, je suis très bon garçon;
Mais ce n'est pas mon jour. — Assez! vieux polisson.

BOURGUIGNON.

L'ingrat! De son bonheur bien à tort je m'occupe.
Je voulais l'empêcher d'obéir à la jupe.
Il a peur de sa femme, il vit dans son giron!
On doit s'en méfier autant que d'un patron.

(Aux ouvriers :)

Jolicœur, mes enfants, est perdu s'il persiste;
Il ne vaut rien, mais rien! Saprebleu! que c'est triste!

(A Jolicœur :)

Tu viens boire du vin chez les honnêtes gens :
Va donc boire plutôt de l'eau chez les méchants.

Mme JOLICŒUR.

Partons, mon Jolicœur. Tu vois comme on nous traite.

SATAN (LAROSE).

(Il boit un verre de vin.)

On vous traite bien, vous : on boit à sa défaite.

Mme JOLICŒUR.

Viens, Jolicœur : tu n'as plus rien à faire ici,
Et chez nous on t'attend.

JOLICŒUR.

Bon! s'il en est ainsi,
Va-t'en voir si j'y suis! Bécasse, ta finesse
De fil blanc est cousue. A ton Monsieur adresse,

Dès qu'il existera, mon plus beau compliment,
Et décampe d'ici, mais plus que vivement.

Mme JOLICŒUR.

Mon pauvre Jolicœur, pardon si je rabâche :
Tu sais par trop combien nous avons lourde tâche,
Viens sagement m'aider à la remplir chez nous.

JOLICŒUR, devenant de plus en plus dur.

Plus tard. A m'amuser je reste avec les fous.

Mme JOLICŒUR.

Soit ! Donne-moi ta paie.

JOLICŒUR.

Elle est bien dans ma poche.

Mme JOLICŒUR.

C'est pour nos fournisseurs.

JOLICŒUR.

Te font-ils un reproche ?
Non ! Devant les amis tu me viens faire affront.
Tous ces beaux fournisseurs à coup sûr attendront :
Nous ne leur devons rien.

Mme JOLICŒUR.

La petite famille
Te demande. Tu sais combien elle est gentille.

JOLICŒUR.

Suis-je une bonne ?

SATAN (LAROSE).

Au fait !

Mme JOLICŒUR.

Écoute la raison :
Tu m'accompagneras en maître de maison.

JOLICŒUR.

Je suis trop fatigué d'admirer dans leurs langes,
Tous ces sales criards que tu nommes DES ANGES.
Des amis, pour ce soir, je suis le Benjamin,
Je ne puis les quitter : ce sera pour demain.

Va-t'en, et tout de suite, et toute seule. En route !

BOURGUIGNON.

Mais devient-il gaillard !

JOLICŒUR.

Va-t'en, coûte que coûte.

BOURGUIGNON.

De mieux en mieux.

Mme JOLICŒUR.

Ah mais ! je ne m'en irai pas..
Du moins seule.

JOLICŒUR, menaçant.

Faut-il qu'on te remette au pas ?

Mme JOLICŒUR.

Lorsqu'il a trois enfants, non pas d'une coquine,
Mais de sa vraie épouse, un homme se domine,
Et ne fait pas la noce avec des fainéants...

SATAN (LAROSE), du ton le plus moqueur.

Avec des Boit-sans-soif tout à fait récréants.

Mme JOLICŒUR.

Et tu n'as pas le droit de devenir ivrogne.

BOURGUIGNON.

La femme ! attention !

JOLICŒUR.

Faudra-t-il qu'on te cogne ?

Mme JOLICŒUR.

Je voudrais bien voir ça !

JOLICŒUR, lui donnant un soufflet.

Tiens !

Mme JOLICŒUR, aux ouvriers :

Tas de scélérats,

(à Jolicœur :)

Mon ménage est perdu. Tu t'en repentiras.
Mauvais homme, en frappant la femme qui vous aime,
On lui glace le cœur, on se frappe soi-même.

(Elle sort. Jolicœur veut la suivre.)

BOURGUIGNON, l'arrêtant par le bras.

Attends donc, malheureux! Pour son bien en rentrant,
Tu la corrigeras : rien de plus restaurant.
Quand elle vient ainsi vous chanter une gamme,
C'est dans son intérêt qu'on vous tape une femme :
Ça la rend amoureuse.

JOLICŒUR.

Allez au diable! Oh non!
Je vais vous planter là.

BOURGUIGNON.

Ça n'aurait pas de nom!
Il faut tirer parti d'un soufflet en ménage.
Ta douce femme part, tout entière à sa rage.
Laisse-lui la journée au moins pour se calmer.
On a toujours, Vingt Dieux! le temps de trop s'aimer.

SCÈNE IV

LES PRÉCÉDENTS, moins Mme JOLICŒUR, GAILLARD.

SATAN (LAROSE), en voyant entrer Gaillard.

Le malin des malins! L'orateur de la troupe
Qui trempe à tout patron une fameuse soupe!

BOURGUIGNON, levant les épaules.

(Il montre le fond du théâtre.)

Dans le fond de la pièce une cloison en bois,
A peu près comme un crible, intercepte la voix;
En se plaçant derrière, on pourrait vous entendre;
Le perfide Ledru se plaît à vous surprendre;
Il vous chasserait tous : faites donc moins de bruit,
Son hôpital n'est pas entièrement construit.
Ne l'en dégoûtez point.

JOLICŒUR.

Quel admirable maître!
Il jette son argent pour nous par la fenêtre.

SATAN (LAROSE).

Permis à toi d'avoir un peu d'illusion :
Défense d'abuser de la permission.
C'est un maître farceur, ton admirable maître ;
Pour parler son langage, il est son seul ancêtre;
Richissime aujourd'hui, comme tous les vauriens,
Il veut la croix d'honneur : il en a les moyens,
Par l'enfer! En tous cas, ce n'est pas moi qu'il dupe.
Le fameux hôpital qui jour et nuit l'occupe,
Qui doit coûter si cher, le fera décorer.
Au prix d'un million, on pourra l'honorer.

JOLICŒUR.

Vous êtes des ingrats!

BOURGUIGNON.

Tu sors de ta province.

JOLICŒUR.

Non : je suis à Paris depuis presque un mois.

BOURGUIGNON.

Rince
Ta gorge à l'eau-de-vie, au plus, pendant six mois;
Si l'eau ne t'a rendu l'esprit tout de guingois
— L'eau pure! — tu sauras, après ce gargarisme,
Qu'un maître est bienfaisant rien que par égoïsme.

JOLICŒUR, montrant une porte ouverte de côté.

Si le marchand de vin allait te dénoncer,
Le bon monsieur Ledru pourrait bien te chasser.
Pourquoi parler si haut?

BOURGUIGNON.

Retourne à ta nourrice.

SATAN (LAROSE).

Mon pauvre Jolicœur! Mais devant la justice
Quand un marchand de vin sur nous, à l'imprévu,
Bien malgré lui, dépose, a-t-il jamais rien vu,

Rien entendu? De même il n'a point d'yeux, d'oreilles,
De langue, pour trahir les videurs de bouteilles.
La madame Bernard vient nous servir son vin,
Puis rentre à sa cuisine où l'on écoute en vain.
Elle ne peut mentir, la fameuse luronne :
On n'en a pas besoin, quand on n'entend personne.
Bois donc, l'ami Gaillard : c'est nous qui régalons.

GAILLARD.

Un coup suffit.

BOURGUIGNON.

Soit. Parle, et pour toi nous boirons.
Économise un peu les mots à grand tapage.
Tu sais bien entre nous que c'est du bavardage.
Tu ne fais que relire et piller des bouquins :
Aussi tes beaux discours sont de vrais arlequins.
Fais donc comme au marché : pare ta marchandise;
Varie un peu le goût; flatte la gourmandise.

GAILLARD, *dédaigneusement.*

Compose un discours, toi.

BOURGUIGNON.

J'ai bien trop de bon sens.
Pour ne travailler point, j'ai des motifs puissants :
Je veux faire l'amour, boire le plus possible,
Et de Mathusalem avoir la fin paisible.

SATAN (LAROSE) et LORRAIN, *riant.*

Est-il cocasse! Bien, très bien!

BOURGUIGNON.

Maudits nigauds!
Taisez-vous. De Gaillard écoutons les ragots.

GAILLARD.

Dans mon prochain discours quelques mots du vrai texte
Pourront vous convenir. Sous un mauvais prétexte
— On craignait la police et ses mouchards affreux —
On m'a fait adoucir les passages scabreux.

(Il se met à déclamer avec une ridicule emphase.)

« L'association doit confisquer l'usine :
Je veux en nettoyer l'effroyable sentine ;
Je veux mettre au plus tôt tous les patrons au pas ;
Je veux parfois avoir la truffe à nos repas.
— En vertu de nos droits où le fer est sublime,
Dans la Californie un Chinois meurt victime,
S'il ose, à moindre prix que les Américains,
Se risquer au travail : Soyons républicains. »

BOURGUIGNON, interrompant.

C'est du même tonneau, toujours ! Ça se complique ;
C'est à faire tourner un savant en bourrique ;
Ce n'est bon, tout au plus, qu'à servir aux journaux
Qui font si bien tomber les sots dans leurs panneaux.

GAILLARD.

Voilà, vieux sanglier, paroles malsonnantes.

BOURGUIGNON.

Il faudrait t'admirer dans tout ce que tu chantes !

GAILLARD.

Tais-toi, vieux ramolli, tais-toi !

BOURGUIGNON.

Va donc teter,
Gamin : tu n'es pas d'âge encore à m'insulter.
(Aux ouvriers :)
Pour des Parisiens vous êtes bien stupides...
On peut vous excuser : les bouteilles sont vides.
Mais un seul d'entre vous peut-il s'imaginer
Qu'un patron pour vous plaire aille se ruiner?
Souvent il se ruine, alors que comme un tigre,
Il vous dévore seul. C'est bon qu'on le dénigre :
On calomnie, on tue... on peut tuer un Roi;
Mais charbonnier, Vingt Dieux ! est maître au moins chez soi.
Il dépense à son gré le *quibus* qu'il ménage,
Et, vous, vous prétendez qu'un maître soit esclave,
Avec des millions, d'un peuple sans le sou !
Enfants !

GAILLARD, en colère.

Vieillard ! va donc courir le guilledou !

BOURGUIGNON.

Si de sa propre usine il faisait de la cendre,
Et que, sous cette forme, il lui plût de la vendre,
Un patron obtiendrait de beaucoup plus beaux gains,
Que s'il l'avait placée en vos drôles de mains.

GAILLARD.

Nous trahir !

BOURGUIGNON.

Parlons net. J'ai pour très grand mérite
De ne faire jamais, comme toi, l'hypocrite.
Toujours un ouvrier doit haïr son patron,
(Il se frappe la poitrine.)
Mais en homme d'esprit, et non en potiron...
(Il avale un grand verre d'absinthe et s'endort.)

SATAN (LAROSE).

En sac à vin percé. — Notre émeute est en route ;
Elle n'avance pas, et cela nous filoute ;
Nous en avons pourtant un terrible besoin,
Et vous n'en parlez pas, et vous n'avez qu'un soin :
Celui de siroter de pleins verres d'absinthe.
Puissiez-vous y trouver le goût de coloquinte !

GAILLARD, bas à Satan (Larose).

Si tu parlais plus bas, ce n'en serait que mieux.
La police sur nous a peut-être les yeux.

SATAN (LAROSE), bas :

Cela m'est fort égal, et pour moi je m'en moque.

GAILLARD, de même.

Pour moi c'est différent, et, si cela te choque,
Allons hurler partout, en mouchards baladins,
La Marseillaise, et puis le chant des Girondins.

BOURGUIGNON, se réveillant et reprenant la suite de ce qu'il disait.

Tiens ! j'ai dormi, je crois. — Sans déclarer la grève,
Serons-nous augmentés ? Chacun de nous en rêve.

GAILLARD, d'un ton naturel :

Depuis huit jours déjà, mon programme a paru,
Et nous vaincrons enfin l'affreux père Ledru.
Sur le temps du travail il est mis en demeure
De nous diminuer, soir et matin, une heure.

JOLICŒUR.

En rognant la paie !

BOURGUIGNON, d'un ton grotesque.

Ah ! qu'on lui rogne le cou !
— En l'augmentant, Vingt Dieux !

JOLICŒUR, haussant les épaules.

Bourguignon devient fou.

GAILLARD, durement.

Tâche un peu, toi, de mettre un terme à ta sottise.

BOURGUIGNON.

C'est parler d'or, c'est net. Voilà de la franchise !

GAILLARD.

Du travail exiger la diminution,
Du salaire imposer une augmentation,
C'est du moindre ouvrier comme le pont-aux-ânes.
(Appuyant.)
Un homme tel que moi, le vrai bourreau des crânes,
La terreur des patrons est vraiment malheureux
D'enseigner l'A, B, C, le nôtre, à des peureux !
Vous ne comprenez pas que deux et deux font quatre ?
Que contre les patrons nous devons tous combattre
Par le feu, par le fer, par le plomb réunis...

BOURGUIGNON, haussant les épaules.

La grève suffira. Maudit bavard, finis !

GAILLARD.

Sur son sort aujourd'hui l'affreux Ledru prononce.
On est chez lui. J'attends près de vous sa réponse.
S'il refuse, demain la grève éclatera,
Et pas un d'entre nous chez lui ne paraîtra.

JOLICŒUR.

Nous nous reposerons : très bien, mais il faut vivre.
La faim, faute d'argent, aux fabricants nous livre.

GAILLARD.

Mais on te nourrira ! L'association...

JOLICŒUR.

Au fait, j'ai bien payé ma cotisation.

GAILLARD.

Avec un franc par jour, en te serrant le ventre...

JOLICŒUR, interrompant.

Je suis cinq à manger, lorsque chez moi je rentre.
C'est cinq francs qu'il me faut, sinon je n'en suis pas.

BOURGUIGNON, d'un ton grotesque.

Tu veux des ortolans peut-être à tes repas?

JOLICŒUR.

Non, mais je veux du pain. Je suis libre, peut-être ?
Je m'arrangerai donc, tout seul, avec le maître.

TOUS.

Coquin ! Traître ! Brigand ! Bandit ! Prends garde à toi !

GAILLARD, méchamment.

Et pourquoi donc ces cris ?

TOUS.

Il n'a ni foi, ni loi.
Il nous trahira tous.

GAILLARD.

Non : il nous turlupine.
Il faut lui pardonner. Il craint tant la famine !
Il a raison d'ailleurs : il est libre.

TOUS.

Comment?

GAILLARD.

Et vous l'êtes aussi; mais malheureusement
(D'un ton de plus en plus féroce :)
On ne peut empêcher qu'un ouvrier ne porte,
Dans sa poche, un couteau, que même il ne l'en sorte,
Rien que pour l'aiguiser un peu sur le pavé.
C'est fâcheux : un malheur est si vite arrivé!...
Nous ne péchons jamais par excès d'indulgence...
Surtout pour un perfide. Il reste sans défense
Parmi des compagnons vraiment très dangereux,
Dès que la trahison se vient dresser entre eux.
Cela t'expliquera pourquoi quelques victimes
Succombent parmi nous aux couteaux anonymes...

JOLICŒUR, continuant la phrase.

Où je vois clairement que tu me condamnas.

GAILLARD.

Es-tu provincial!

JOLICŒUR.

Par des assassinats,
Ainsi la liberté parmi vous se modère.
Obéir ou périr!

GAILLARD.

Comme tout s'exagère,
Se travestit! C'est faux!

BOURGUIGNON.

Trop parler nuit, mon vieux.
(Montrant Jolicœur.)
Tais-toi : je le rendrai, mais entre quatre-z-yeux,
Aussi souple qu'un gant.

JOLICŒUR.

Pour nourrir ma famille,
Je veux bien engager sa dernière guenille;
Et je veux bien encor, sans me plaindre, avoir faim,
Si mes enfants, ma femme ont leur content de pain;

Mais à moins de voler ou d'être une canaille,
Pour que je leur en donne il faut que je travaille.

GAILLARD.

Dans l'intérêt commun, s'il faut ne pas manger,
Ils ne mangeront point : on ne peut transiger.

JOLICŒUR.

Ils mangeront, morbleu !

GAILLARD.

Mais, à ton aise, Empâte.
Femme, enfants et toi-même.

BOURGUIGNON.

Ah ! Vingt Dieux ! ça se gâte.

(A Jolicœur :)

Tu n'as presque rien bu. C'est par trop scandaleux,
Et tu parles déjà comme un âne galeux.

SCÈNE V

LES PRÉCÉDENTS, LEDOUX, TAUPIN.

GAILLARD.

Les amis ! Les vainqueurs !

SATAN (LAROSE), méchamment.

Succès complet ! Victoire !

LEDOUX, d'un ton sombre.

Pas tant de bruit. Échec !

GAILLARD.

Mais c'est à n'y pas croire !

LEDOUX.

L'affreux père Ledru de son ton le plus doux,
En nous congédiant, en se jouant de nous,

Nous a signifié qu'il fermerait l'usine,
Et qu'il accepterait sa complète ruine,
Plutôt que de céder à nos prétentions.

GAILLARD.

A-t-il du moins offert d'autres conditions?

LEDOUX.

Vous savez que jamais il n'y va de main morte;
Cette fois, très tranquille, il a montré la porte :
Nous avons dû sortir.

GAILLARD, furieux.

Ce roi des négriers!
Imposer l'esclavage à tous ses ouvriers!
Il prétend à jamais nous broyer sous sa meule!
Je prétends le soumettre à ma volonté seule.

SATAN (LAROSE).

Foulons-le sous nos pieds!

LORRAIN.

Délibérons! Votons!
Agissons tout de suite!

GAILLARD.

Êtes-vous hannetons!
(A Satan :)
Larose, viens ici. Continuez à boire.

LORRAIN.

De nous c'est se moquer!

GAILLARD.

En moi veuillez donc croire.
J'ai quelques mots à dire à Larose, à Ledoux.

LORRAIN.

Point de secret!

GAILLARD.

Si! Si! Puis je suis tout à vous.
(Gaillard amène Satan, Ledoux et Taupin sur le devant de la scène, aussi loin que possible des autres ouvriers.)
(Bas à Ledoux et à Taupin :)
Et vous ne croyez pas qu'à nos vœux il se rende?

LEDOUX, bas :

Pour le faire céder, il faudra qu'on le pende.

SATAN (LAROSE), bas :

Je tirerai la corde.

LEDOUX, bas :

Aux derniers échafauds,
Un solide plat-bord est mis en porte-à-faux ;
Je le fais surveiller par nos bons camarades ;
Ledru doit y passer pendant ses promenades ;
Il ne peut soupçonner le piège qui l'attend,
Piège invisible même en s'y précipitant ;
S'il y pose le pied, il fera la bascule...
Les pavés sont bien durs... Tu n'as pas de scrupule ?

SATAN (LAROSE).

C'est simplement absurde !

LEDOUX.

Il n'a jamais tué.

GAILLARD, du ton le plus emphatique.

Aux cruautés du lucre il s'est prostitué.

SATAN (LAROSE).

Tous les coups au combat sont d'ailleurs légitimes.

(Un grand bruit se fait entendre ; la cloison du fond s'enfonce ; on aperçoit M. Ledru et trois ouvriers qui viennent de tomber du haut des échafauds en entraînant des planches, des pièces de bois fracassées et des matériaux. Tous les ouvriers, sauf Gaillard, Satan (Larose), et Bourguignon, courent au secours des victimes, ainsi que Mme Bernard et ses domestiques).

TOUS.

Ah !

SATAN (LAROSE), à part.

Superbe, ma foi !

Mme BERNARD, courant à l'endroit le plus exposé.

Grand Dieu ! quatre victimes !
L'échafaud s'est brisé !

(On entend de nouveaux craquements. D'autres matériaux tombent.)

BOURGUIGNON.

Ne restez pas dessous!
Le restant va tomber, Vingt Dieux! Retirez-vous!

JOLICŒUR, continuant à travailler au sauvetage.

As-tu peur de mourir? Ce sont des camarades.

BOURGUIGNON.

Rien à faire pour eux. Ils sont plus que malades!
Le danger est trop grand. Je veux vivre demain.

JOLICŒUR, de même.

Ils ne sont pas tous morts. Allons! un coup de main!
As-tu les bras cassés? Fais donc le bon apôtre.
Tu trembles pour ta peau. Tremble un peu pour la nôtre!

GAILLARD, à part, avec fureur.

Le patron vit encor! Les maudits maladroits!
Pour tuer un seul homme, en sacrifier trois!

Mme BERNARD.

Portez-le vitement dans une de mes chambres;
Dieu sait s'il ne s'est pas rompu les quatre membres!

(On emporte M. Ledru.)

SATAN (LAROSE), bas à Gaillard:

Patience, Gaillard. Nous recommencerons.

GAILLARD, bas:

C'est un devoir pour nous, et nous réussirons.

SATAN (LAROSE), de même.

Ici, plus rien à faire. Ensemble demi-volte.
Tout cela n'est qu'un jeu: songeons à la révolte.
Notre gouvernement dort d'un sommeil de plomb:
Il faut le secouer. Ça ne sera pas long.

FIN DU PREMIER ACTE

ACTE II

LES OUVRIERS (Suite)

SCÈNE PREMIÈRE

UNE LOGE DE PORTIER

BOURGUIGNON, entrant presque ivre.

Personne dans la loge! Il faut que ça finisse.
Ces femmes, ces enfants, c'est cousu de malice.
Ça laisserait mourir un père de besoin...
Mais entre quatre-z-yeux, puisque la vieille est loin,
Je m'en vais à la jeune un peu montrer à vivre.

(Il appelle.)

Arténice!

SCÈNE II

BOURGUIGNON, ARTÉNICE

ARTÉNICE, derrière le théâtre.

(A part en entrant.)

Oui, papa. Bon, il est encore ivre.

BOURGUIGNON.

Fainéante!

ARTÉNICE.

C'est fort! J'ai fait les escaliers,
Nos lits, mon piano, le café, tes souliers,
Ma toilette, et je pars pour le Conservatoire.
Dix heures vont sonner. Toi, tu ne fais que boire.

Ton vingtième patron pour sûr te renverra;
Ça ne peut nous manquer. Puis qui te nourrira?
Au ménage déjà tu ne fournis plus guère,
Et tout va retomber sur cette pauvre mère.

BOURGUIGNON.

Cela va-t-il finir? Vingt dieux! Veux-tu des coups?
On pourra t'en fournir et dans des prix bien doux.

ARTENICE.

Des coups, des coups toujours! Et pourquoi donc me battre!

BOURGUIGNON.

Pour t'empêcher de faire ainsi le diable à quatre;
Pour t'apprendre combien rapporte la vertu...
Avec le vieux Monsieur quand termineras-tu?

ARTÉNICE.

Les vieillards sont des gueux. Dans le Conservatoire,
Pour obtenir son prix, ils voudraient faire accroire
Que l'on se doit donner aux professeurs, des vieux,
Et puis au directeur qui sent la mort.

BOURGUIGNON.

Vingt Dieux!

ARTÉNICE.

Avec une antiquaille enfin sans dent pour mordre,
Toi, mon père, tu viens me prêcher le désordre,
Toi, déjà presque vieux! Tu n'as rien de sacré.
Tu m'ôtes tout respect. Mais sois bien assuré
Qu'il faut dès aujourd'hui te préparer au jeûne,
Si pour te bien nourrir, même un amoureux jeune,
Avant monsieur le maire et monsieur le curé,
Voulait faire la noce avec moi : c'est juré.

BOURGUIGNON.

Quelle langue, Vingt Dieux!

ARTÉNICE.

Langue d'honnête fille.
Je vaux ma mère.

BOURGUIGNON.

Ah! Ah! Tu veux qu'on te houspille.

ARTÉNICE.

Suis-je donc faite, moi, pour cet affreux coquin?

BOURGUIGNON, *avec un sérieux d'ivrogne.*

Ma fille, j'ai mangé, bu tout mon saint-frusquin,
Et je souffre beaucoup d'un ancien rhumatisme...
As-tu donc oublié déjà ton catéchisme,
Ou mets-tu de côté le grand commandement,
Le quatrième, quoi?... Tu vivras longuement,
En honorant toujours ton respectable père,
En ne le laissant point tomber dans la misère...
En prenant son Monsieur, en te conduisant bien.
Dix mille francs par an pour ne rien faire, rien,
Pour dormir, c'est joli!

ARTÉNICE.

Si tu n'étais pas ivre...

BOURGUIGNON.

Ivre, Vingt Dieux! Jamais! Je parle comme un livre.

ARTÉNICE.

Tu parles d'autant mieux que tu perds la raison.

BOURGUIGNON, *prenant une bouteille de vin et buvant par le goulot.*

Si j'ai bu, que ce vin me serve de poison.

ARTÉNICE.

Pousser sa propre fille à devenir coquine,
C'est l'horreur de l'horreur! ça vaut la guillotine!

BOURGUIGNON.

Être ingrate à ce point, me parler de ce ton,
Refuser son bonheur! ça vaudrait le bâton!

Sur toi j'ai tous les droits, même celui de vente;
Le vieux Monsieur paya : tu fais la rechignante!
Pas de ça, Lisette, oh! Vingt Dieux! tu m'appartiens.

ARTÉNICE, en l'évitant :

Non, non!

BOURGUIGNON.

On emploiera, s'il faut, les grands moyens.

ARTÉNICE, à sa mère qui entre :

A moi, vite, maman!

SCÈNE III

LES PRÉCÉDENTS, Mme BOURGUIGNON

Mme BOURGUIGNON.

Quel est donc ce tapage?

BOURGUIGNON, s'arrêtant tout à coup et buvant de nouveau à la bouteille.

L'excellent petit bleu! — Ta fille n'est pas sage.
— Mais j'aime mieux l'absinthe... Ah! mon Dieu! j'ai bu tout.
— C'est-il pas du poison? Non, il a trop bon goût.

Mme BOURGUIGNON.

Allons! va te coucher.

BOURGUIGNON.

Vingt-quatre heures qu'on passe
Rien qu'à faire la noce, à la fin ça vous lasse.

Mme BOURGUIGNON.

Mais on nous chassera.

BOURGUIGNON.

Mais on va se coucher,
Ma vieille bique. Donc, rien à me reprocher.

(Il sort.)

SCÈNE IV

Mme BOURGUIGNON, ARTÉNICE.

Mme BOURGUIGNON.

Mais d'où peut donc venir un aussi grand esclandre?

ARTÉNICE.

Maman, au vieux Monsieur tu sais qu'il veut me vendre!

Mme BOURGUIGNON, s'animant.

Le brigand! Le bandit! Mais s'il réussissait...

ARTÉNICE.

Jamais, jamais, maman!

Mme BOURGUIGNON, avec la plus grande véhémence.

Si Dieu nous délaissait,
(Prenant un couteau.)
Il aurait ce couteau tout entier dans le ventre.

ARTÉNICE.

Ah! j'ai peur : on croirait que déjà le fer entre.

Mme BOURGUIGNON.

Je suis là par bonheur; au grain je sais veiller.
Cours au Conservatoire; il nous faut travailler.
Nous avons sur les bras un sans-cœur, un ivrogne;
Nous devons le nourrir, mais c'est de la besogne.
Tu le brusques par trop : c'est ton père après tout.

ARTÉNICE.

Je fais ce que je peux, mais il me pousse à bout.

Mme BOURGUIGNON.

On doit se contenir. Pars vite.

(Arténice sort.)

SCÈNE V

Mme BOURGUIGNON, seule, SATAN, invisible.

Mme BOURGUIGNON.

(Elle se met à genoux.)

Sainte vierge,
Vous ne dédaignez pas le pauvre petit cierge,
Que toujours à vos pieds, toujours vous honorant,
Chaque matin j'allume. Il serait bien plus grand,
Si mon mari chez nous n'apportait la misère.
Dans leur honnêteté ma mère, ma grand'mère,
Sainte Vierge, ont vécu. Ma bonne fille et moi
Comme elles nous vivons. Vous connaissez ma foi;
Avant d'aller à vous, je sais que, pour vous plaire,
Il me faut endurer tous les maux de la terre:
Mon mari me tuera; mais arrêtez sa main,
Jusqu'à ce que ma fille ait un morceau de pain;
Qu'elle puisse manger en restant vertueuse :
A ce prix je consens à vivre malheureuse...

(Elle se lève comme en fureur.)

Mais s'il perdait ma fille, oui, oui, je le tuerais.
Sainte Vierge, pitié! Dieu! je me damnerais!

SATAN, invisible.

Ne va pas te gêner, pécheresse maudite.
Je serais très charmé de te donner un gîte.
Mais j'ai petite chance à sa damnation :
Elle est pour mon malheur riche en dévotion.

SCÈNE VI

BOURGUIGNON, Mme BOURGUIGNON, UN SERGENT DE VILLE,

SATAN, invisible.

BOURGUIGNON, en entrant.

La vieille bique encor vient de faire la sainte.

Mme BOURGUIGNON.

Comment, tu ne dors pas?

BOURGUIGNON.

C'est la faute à l'absinthe.

Mme BOURGUIGNON.

Mais non; l'absinthe endort.

BOURGUIGNON.

Je suis laborieux,
Surtout quand je travaille, et consciencieux.
Si je n'ai pu dormir, Arténice en est cause.
Tu l'as mal élevée : à tout elle m'expose;
Elle est insolente, oui... Rien à boire, Vingt Dieux!

Mme BOURGUIGNON.

Va donc te reposer.

BOURGUIGNON.

Travailler est bien mieux.
Je suis un honnête homme, et j'ai reçu des arrhes...
De qui?... Du vieux monsieur.

Mme BOURGUIGNON.

Pour guérir ses catarrhes!

BOURGUIGNON.

Prends garde, vieille! Il a, lui, des mille et des cents;

(Mettant la main sur son ventre.)

Il est propriétaire; il est des plus puissants,
Il a cent fois le droit d'acheter des jeunesses.
De faire leur bonheur, à force de richesses.

Mme BOURGUIGNON, à part.

La fureur va venir. Mon Dieu secourez-moi!

BOURGUIGNON.

Je suis son fournisseur.

Mme BOURGUIGNON.

Ce n'est pas beau pour toi

BOURGUIGNON.

Ah çà, finissons-en! A son père, à sa mère,
Une fille se doit. Chez nous est la misère;

(Frappant sur ses poches.)

J'avais de l'or ici... des arrhes, j'ai tout bu;
Je suis, grâce à l'absinthe, un vieux cheval fourbu,
Mais qui peut par bonheur encor ruer et mordre :
Je ne te dis que ça. Tu vas nous donner ordre,
La vieille, à ta morveuse, et plus que vivement,
Vingt Dieux! de faire honneur à mon engagement.

Mme BOURGUIGNON.

Que dans le mal jamais je mette notre fille!

BOURGUIGNON.

Dans ses meubles, dis donc, pour aider sa famille.

Mme BOURGUIGNON.

(A part.) (Haut, avec la voix altérée.)

L'infâme! Nous verrons. Mais va te recoucher.

BOURGUIGNON, menaçant.

Aurais-tu mal aux dents? On pourrait y toucher.
Sur ma fille j'ai pris ce que je ne peux rendre...
J'ai besoin du restant. Arténice, si tendre,
Pour me le procurer a seule un moyen bon.
N'est-ce pas pour son bien qu'on lui donne un barbon?
Elle aura du plaisir, et j'aurai de l'absinthe...
Tiens! je te donne en sus pour en boire une pinte.

Mme BOURGUIGNON.

Nous verrons ça demain. Mais va te recoucher.

BOURGUIGNON, furieux.

Tu te moques de moi! Je vas te panacher;

(Il prend de la vaisselle et la jette à terre.) (Il va pour la frapper.)

Je casse tout ici; je te mets en compote.

Mme BOURGUIGNON, lui échappant.

Sainte Vierge, à mon aide!

BOURGUIGNON, la poursuivant.

Ah! tu ferais la sotte!

Mme BOURGUIGNON. (Elle sort en s'enfuyant.)

Au secours!

BOURGUIGNON.

Sans courir je te rattraperai,
Vieille bique! Vingt dieux! je te démolirai.

(Il devient furieux et casse tout.) (Il saisit un couteau.)

Tiens! tiens! tiens! tiens! tiens! tiens! Oh! ce couteau me [monte.
Vous allez toutes deux recevoir votre compte.

(Il va pour sortir. Au même moment entrent des locataires et des sergents de ville. Mme Bourguignon les précède. Bourguignon lui donne un coup de couteau qui la blesse légèrement. On le désarme et on le saisit.)

Mme BOURGUIGNON.

Ah!

UN SERGENT DE VILLE.

Halte-là! C'est trop!

BOURGUIGNON.

Oh! oh! vous m'insultez.
Crapules! scélérats, partez vite, sortez!
On ne peut pas tuer en paix dans son ménage!
Voleurs, mouchards, brigands!

LE SERGENT DE VILLE.

Allons! pas de tapage!
En route! Au commissaire, et peut-être en prison;
Pour sûr, à l'hôpital des gens sans leur raison.

(On l'entraîne.)

SATAN, invisible.

Par l'Enfer! c'est fâcheux. N'assassiner personne!...
A son très juste sort, sans peur, je l'abandonne :
Il viendra me rejoindre, et pour l'éternité,
Dans l'alcool brûlant il sera tourmenté.

SCÈNE VII

LA CHAMBRE DE JOLICŒUR ET DE SA FEMME

Mme JOLICŒUR, seule.

Jolicœur, Jolicœur! à tout il faut s'attendre.
Soyez donc une femme, une mère bien tendre,
On reçoit un soufflet, mais, là, devant témoins;
Puis on va, pour pleurer, dans le plus noir des coins.
Mon pauvre Jolicœur, les vilains camarades
Te provoquent toujours à boire des rasades :
Joli commencement d'une vilaine fin.
Ils changeront mon homme en honteux meurt-de-faim.
Et cependant il faut lui faire bon visage.
Malheur à nos enfants, si je le décourage?
Il a sans doute bu jusques à s'enivrer.
Il est sobre pourtant. Comme il tarde à rentrer?

SCÈNE VIII

JOLICŒUR, Mme JOLICŒUR, SATAN, invisible.

JOLICŒUR entre subitement, sa femme court à lui, tout émue, et lui parle par phrases entrecoupées.

Enfin, mon Jolicœur! Mon Dieu, que je t'embrasse!
Et plus fort que cela! vois-tu, cela me passe...
J'ai beau me raisonner, j'ai peur de tes amis...
Les trois enfants sont là. Comme ils sont endormis!
Ils ont très bien soupé... J'aime tant à te plaire...
Je les réveillerai pour embrasser leur père...
Ils se rendormiront ensuite, ces morveux.
Je te veux obéir, mais en tout; je le veux.

JOLICŒUR.

Non, laisse-les dormir. Je suis une canaille.

Mme JOLICŒUR.

Peut-on parler ainsi! personne qui te vaille,
Le meilleur des maris, un superbe garçon,
Un père si parfait qu'il donnerait leçon
A tout ce qui vous porte honnêtement la jupe!
Qu'est-ce qui te tourmente ou qui te préoccupe?
Au milieu des amis en allant se jeter,
Une femme, vois-tu, ça vous vient insulter.
Un mari fait très bien alors qu'il la corrige,
Et j'avais mérité le soufflet qui t'afflige.
Ça n'arrivera plus, mais plus du tout jamais,
Je trouverai tout bien, mon homme, désormais.

JOLICŒUR.

J'ai tort, femme, grand tort.

Mme JOLICŒUR.

Ah! tu me tympanises!
Il demande pardon. En voilà des bêtises!
J'ai gardé ton souper. Vois! est-il engageant?

JOLICŒUR.

Je n'ai pas du tout faim.

Mme JOLICŒUR.

La faim vient en mangeant.
Je l'ai si fort soigné! Le voilà sur la table;
Il n'en faut rien laisser, s'il est irréprochable.
Je veux qu'en finissant, tu me dises : Corbleu!
Ma femme est devenue un fameux CORDON BLEU!

JOLICŒUR.

Tiens, femme, prends ma paie... au moins ce qu'il m'en reste.

Mme JOLICŒUR.

As-tu pour ton tabac?

JOLICŒUR.

Le tabac, c'est la peste.

Mme JOLICŒUR.

Voyez le faux malin. Prends ce qu'il te faudra.
A la femme, aux enfants, le surplus suffira.

JOLICŒUR.

Suffira? Comment donc?

Mme JOLICŒUR.

Ce n'est pas ton affaire.

JOLICŒUR.

Je veux le savoir, moi.

Mme JOLICŒUR.

Nous ferons bonne chère.
La femme et les enfants mangeront un peu moins :
Il faut à des oiseaux si peu pour leurs besoins.
Mais, quant au travailleur suant à grosse goutte,
Il faut plus. Ne dis pas : « Mauvaise troupe, en route! »
Le gagne-pain chez nous est le plus grand souci.
Mange, mange, mon homme. Il fait bien bon ici.

JOLICŒUR.

Je vais travailler dur... Juste ciel! et la grève!

Mme JOLICŒUR.

Oh! malheur!

JOLICŒUR.

Le maître jusqu'à ce qu'il se lève
(Le pauvre homme est tombé du haut des échafauds,
Avec trois ouvriers, des bons, des sans-défauts,
Tous les trois sont tués), le maître de l'usine
Met la clé sous la porte et nous prend par famine.

Mme JOLICŒUR.

Mais je puis travailler autant que l'on voudra.

JOLICŒUR, s'animant.

Et je prends un fusil quand l'émeute viendra;
Elle sera, pour sûr, enfin victorieuse.

Mme JOLICŒUR, dissimulant.

Je t'accompagnerai, j'en serai glorieuse.

JOLICŒUR.

Mais que me dis-tu donc? Et les pauvres enfants,
Si nous n'en sortons point, par malheur, triomphants,
Si je suis massacré, morbleu, si l'on m'empoigne...
Ou si l'on te tuait? Personne qui les soigne?

Mme JOLICŒUR, feignant l'indifférence.

Bah! sans père ni mère un trio d'orphelins
Dans la religion trouve des cœurs câlins,
Bien plus que s'ils gardaient ou leur père ou leur mère.
C'est dans leur intérêt qu'on me tuera, j'espère.
Ils seront recueillis, élevés tous les trois,
A l'aumône ils auront les plus grands des grands droits.

JOLICŒUR.

Et tu t'es figurée que je suis assez lâche
Pour le souffrir jamais?

Mme JOLICŒUR, avec fermeté.

Tant pis, si ça te fâche,
Mon cher. Qu'il pleuve ou vente, à l'émeute, j'irai!

JOLICŒUR.

Mais si je le défends?

Mme JOLICŒUR, de même.

Je désobéirai.

JOLICŒUR.

Voici bien du nouveau, la femme, prends donc garde

Mme JOLICŒUR, de même.

A quoi donc, Jolicœur? On sait ce qu'on hasarde.
A me battre tu peux très bien t'habituer;
Tu peux m'abandonner et même me tuer;
Mais tant que je vivrai, quand tu cours un grand risque,
J'en veux ma part. Malheur à qui me la confisque,
Ou qui pour me l'ôter se croit assez puissant!

JOLICŒUR.

Et si je te prenais les petits?

Mme JOLICŒUR, avec emportement.

C'est mon sang!
Mon couteau sortirait, et tout seul, de ma poche.

JOLICŒUR, interdit et parcourant la chambre.

Voilà du fruit nouveau! c'est à mettre sous cloche.
Mais a-t-on vu jamais un semblable démon!
Inutile, mon Dieu, d'essayer un sermon
Elle en fait à sa tête. Oh! la femme terrible!

Mme JOLICŒUR.

Périr avec son homme est donc un crime horrible?
Jusqu'à mon dernier jour, je te répéterai :
Avec toi je vivais : avec toi je mourrai.

(Ils se jettent dans les bras l'un de l'autre.)

SATAN, invisible.

Allez donc, mes enfants! Voyez comme ils sont tendres!
Ils vivent dans le feu, ces époux salamandres :
Chez moi, si je le puis, dans un bel aparté,
Ils viendront roucouler durant l'éternité.

SCÈNE IX

UNE CHAMBRE DE MALADE

M. LEDRU, seul, étendu sur une chaise longue, en costume de malade.

Mieux vaudrait mille fois vivre chez les sauvages.
Infâmes ouvriers! Du haut de quatre étages
Ils m'ont précipité! Mais presque agonisant,
Je les ai vus tués, sur la terre gisant;
L'échafaud se brisa; j'entraînai dans la lutte
Mes assassins vaincus; à notre horrible chute
J'échappai seul vivant; je suis presque guéri,
Et je tiens ma vengeance : à trois ils ont péri.
Mais ce n'est rien encor. Cette plèbe infernale,

Qui ferait au besoin, chère de cannibale,
Prépare quelque émeute en un jour s'approchant :
J'en suis, hélas ! trop sûr, tout en ne rien sachant,
Et la patrie en deuil va revoir une époque
Où de quatre-vingt-douze on prendra la défroque,
Où l'on admirera le voleur, l'assassin.
Et des bagnes ouverts le formidable essaim.

SCÈNE X

M. LEDRU, SATAN, invisible, DEUX DAMES DE CHARITÉ, pas trop jeunes, entrent sans se faire annoncer.

M. LEDRU, brusquement et désobligeamment.

Vous entrez sans frapper ! Quel zèle vous enflamme?

UNE DAME.

Excusez-nous, Monsieur, nous quêtons. Je réclame...

M. LEDRU, interrompant.

Mon argent, c'est connu, pour des prêtres bien saints,
Pour de jeunes voleurs, pour de vieux assassins,
Pour des pauvres sans bois, pour des enfants sans père,
Pour des vieillards sans fils, pour des filles sans mère,
Pour de grandes douleurs, pour un petit chagrin,
Pour le Pape, pour Dieu, pour le Diable et son train.

UNE DAME.

Non, Monsieur, nous quêtons POUR LES FEMMES EN COUCHES.

M. LEDRU, brutalement pendant toute la scène.

Pour les mères plutôt de ces bêtes farouches,
De ces *bons* ouvriers tout prêts à dévorer
Des maîtres, des patrons qu'ils devraient adorer.
Loin de venir en aide à pareille canaille,
Laissez-la donc pourrir et crever sur la paille.
Vous ne connaissez rien à sa perversité.

UNE DAME.

Nous sommes dès longtemps dames de charité;

Nous avons du métier un peu l'expérience.
Sous des milliers d'aspects nous voyons la souffrance :
Plus le pauvre est méchant, déraisonnable, ingrat,
Débauché, vicieux et même scélérat,
Plus nous l'aimons, Monsieur.

M. LEDRU.

Vous aimez donc l'ordure,
Belles dames. Les goûts sont tous dans la nature.

(Les dames se lèvent.)

UNE DAME.

Ce mot est-il chrétien? C'est nous dire : sortez!

M. LEDRU.

Mesdames, pas du tout. Au contraire, restez;
Pardon; j'ai de l'horreur pour les saintes-nitouches,
Pas pour vous.

UNE DAME.

Sans donner POUR LES FEMMES EN COUCHES.

M. LEDRU.

Et je suis cependant un assez bon chrétien,
Un chrétien dégoûté.

UNE DAME.

Mais qui fit tant de bien!

(Les dames se rasseoient.)

M. LEDRU.

Craignez-vous par hasard que je ne recommence?
Oh! tranquillisez-vous. Dans un jour de démence,
Je voulus devenir un second Montyon;
Je voulus consacrer bien près d'un million
A bâtir un hospice à la gent pestifère,
Qui, du corps social représente l'ulcère.
La charité n'étant qu'un malfaisant défaut,
Je fus, du haut en bas d'un dernier échafaud,
Jeté pour châtiment, la tête la première.

UNE DAME.

Un crime!

M. LEDRU, d'un ton sarcastique.

Une gaîté... qui mène au cimetière.
Par conséquent j'ai mis l'aumône en interdit.
L'ouvrier trop souvent se double d'un bandit.

UNE DAME.

Mais donnez par pitié POUR LES FEMMES EN COUCHES.

M. LEDRU.

Je lancerais plutôt contre elles mes babouches.

(Les dames veulent se retirer.)

Restez, morbleu! restez! je veux au grand complet
Défiler devant vous mon très long chapelet.
L'ouvrier est un gueux vautré dans la crapule.

UNE DAME.

Mais pas toujours.

M. LEDRU.

Pour qui vous êtes ridicule.

UNE DAME.

J'y consens volontiers.

M. LEDRU.

Vous voulez le loger,
L'habiller, le nourrir. Certain de vous gruger,
Comment espérez-vous que travaille le drôle?
C'est en ne faisant rien qu'il reste dans son rôle.
La charité, Madame, est un outrage à Dieu.

UNE DAME.

Quel horrible blasphème!

M. LEDRU.

Oui, oui! point de milieu:
Le vice ou le travail. Rappelez-vous la Bible:
Tous les jours de ta vie, en un labeur pénible,

A la sueur du front, tu mangeras le pain
Qu'à la terre maudite arrachera ta main...
Et pas un mot d'aumône!

UNE DAME.

Aux premiers jours du monde,
La famille d'Adam encore vagabonde,
De notre argent moderne avait-elle besoin?
Et ces vieux ans d'ailleurs sont maintenant si loin.

M. LEDRU.

Sur d'autres quand il compte, et non pas sur soi-même,
L'ouvrier au travail a lancé l'anathème.
La charité l'endort, l'aumône l'avilit,
Dans l'inconduite il tombe : il arrive au délit,
Au crime bien souvent. — Quêtée à droite, à gauche,
Toute augmentation se traduit en débauche.
Disons-le : l'ouvrier au travail a mis fin,
Et commence l'ivresse, alors qu'il n'a plus faim.
Dans un jour pour sept jours, s'il gagne de quoi vivre,
Pendant six au plaisir, à l'ivresse il se livre.

UNE DAME.

Si l'ouvrier d'absinthe, hélas! peut se gorger,
Sa famille souvent n'a pas de quoi manger.
Avec un franc par jour nourrit-on plusieurs bouches?
Soyez donc généreux POUR LES FEMMES EN COUCHES.

M. LEDRU, *brutalement.*

Et qui donc les pria de faire des enfants?

(*Les dames se lèvent.*)

UNE DAME.

Nous partons.

M. LEDRU.

Non! non! non! — Eh! parbleu! leurs amants,
Qui peuplent pour le bagne, avec ces femmes sages,
L'hospice et l'hôpital, sans souffrir de chômages.

UNE DAME.

Comme vous maltraitez les servantes de Dieu !
Fils de vos œuvres...

M. LEDRU.

Oui ! tenez ! pas de milieu :
Le parvenu peut, seul, avoir quelque mérite.
Quand d'un père un peu riche, en dormant, on hérite,
On est presque toujours plus que mal élevé;
On devient de plein droit crétin, petit-crevé,
Débauché, duelliste, huître nauséabonde,
Par des gueuses mangée; on remplit dans le monde
Un rôle d'exploiteur d'avance tout tracé,
Et l'on se tue enfin en vaurien insensé.

UNE DAME.

Vos tableaux gagneraient avec quelques retouches.
Tout en vous implorant POUR LES FEMMES EN COUCHES.
Souffrez que j'en fasse un...

M. LEDRU, brusquement.

Je n'ai pas achevé.
Écoutez jusqu'au bout : je suis enfant trouvé;
Je quittai l'hôpital en sachant lire, écrire,
Compter. Au travailleur ce savoir doit suffire.
Étiolé, vêtu d'une blouse en lambeaux,
J'ai marché les pieds nus, j'ai porté des sabots.
Au milieu de la boue, ils chaussaient ma misère.
Ma lutte pour la vie est comme légendaire :
Mon passé tout entier est dans ces quelques mots.
Avant de parvenir, j'ai souffert mille maux;
Mon abjecte naissance est encore le moindre;
Mon premier jour heureux tarda longtemps à poindre
Je devins l'apprenti d'un de ces ouvriers
Qui sont pour les enfants presque des meurtriers...

UNE DAME.

Mais nous quêtons, Monsieur, POUR LES FEMMES EN COUCHES.

M. LEDRU.

Des drôlesses, madame, ou bien des fines mouches,
Qui veulent les profits de leurs accouchements.

UNE DAME.

A peine leur peut-on donner des aliments.

M. LEDRU.

Tant pis. — Si l'on est dur parfois dans le négoce,
L'ouvrier pour les siens est constamment féroce;
Dans l'enfant il ne voit qu'une chose, un produit;
A coups de pieds, de poings, au métier il l'instruit,
L'exploite sans pudeur, et, pour en faire un homme,
Il en fait trop longtemps une bête de somme.
Aux maux qu'il doit subir enfin cet apprenti
Échappe, débauché, vicieux, abruti,
Envieux, malfaisant, et de son futur maître
Ennemi pour la vie, avant de le connaître;
A sa haine imbécile, en gagnant quelque argent,
On ne peut échapper. Un exemple outrageant
Pour qui veut sans rougir vivre dans la crapule,
Est celui d'un enfant qui commence un pécule
Avec ses premiers gains... avec ses premiers sous,
Qui s'acharne au travail, qui n'a que des dégoûts
Pour les sentiments bas, l'envie héréditaire,
Et l'immoralité du monde prolétaire.

UNE DAME.

Mon Dieu! que c'est bien dit! que vous avez raison!
Mais cela suffit-il, dans la morte saison,
Dans les grands froids d'hiver, POUR LES FEMMES EN COUCHES?

M. LEDRU.

Qui de gueux, de bandits à qui mieux mieux font souches.
Fi! — J'eus tous mes pareils, mais tous, pour ennemis,
Quand, nouveau contre-maître, ils me furent soumis;
Je les connaissais trop. Tout emploi de la fourbe
Échappe en pareil cas à cette ignoble tourbe...
Mais que dis-je? Toujours, sans profit, bêtement,
Pour s'y faire la main, elle trompe, elle ment.

UNE DAME.

Quelquefois, j'en conviens, leurs paroles sont louches.

M. LEDRU.

Joli mot!

UNE DAME.

Donnez donc POUR LES FEMMES EN COUCHES.

M. LEDRU.

Des trompeuses, madame.

UNE DAME, sans réfléchir.

En accouchant, jamais!
Et si j'ai tort, monsieur, à tout je me soumets.

M. LEDRU, impatienté.

Soit! — Ah! vous ignorez, messieurs les gens du monde,
Nés pour la vie oisive ou pour la vie immonde,
Qu'un grand négociant, à la longue enrichi,
Du travail est le nègre, et non pas l'affranchi;
Qu'il cache à l'œil banal, sous sa rude enveloppe,
Le mérite inconnu dans la gent interlope
Où naissent les frelons de la société.

UNE DAME.

Je ne puis les haïr : ils font la charité.
Ils m'ont déjà donné POUR LES FEMMES EN COUCHES.

M. LEDRU.

Contre mon coffre-fort petites escarmouches,
Tout comme grands combats, ne vous produiront rien;
Ma charité chrétienne est celle d'un païen.
— Je m'instruisis un peu; je sortis de la fange.
Sauf l'éducation qui se commence au lange,
Sauf la noble naissance, à la société
Qu'à force d'énergie et de ténacité,
Je vainquis, il n'est rien que j'envie à cette heure...
Pourvu que dans mon lit paisiblement je meure,
Et non précipité du haut d'un échafaud...

UNE DAME, continuant la phrase.

Sans droit à la vengeance, en martyr : il le faut.
En fait de charité, Monsieur, noblesse oblige,
Et vous en terniriez le céleste prestige,
Si jamais, renégat de tout votre passé,
De la miséricorde on vous voyait lassé.
Soyez donc généreux POUR LES FEMMES EN COUCHES :
Daignez les secourir.

M. LEDRU, complètement désobligeant.

Si j'avais des cartouches,
Contre elles j'aimerais beaucoup mieux les brûler,
Que d'entendre quêteuse encore m'en parler.
Femme en couches pour moi n'est rien moins qu'engageante.

UNE DAME.

De grâce ménagez la pauvre suppliante,
Qui pour d'autre mendie. Excusez-nous. Le bien
Ne se fait pas tout seul. Agissez en chrétien;
Au nom du ciel, donnez POUR LES FEMMES EN COUCHES.

M. LEDRU.

Mais c'est de la manie. Il vous faudrait des douches.

UNE DAME, insistant de plus en plus.

Il me faudrait de l'or... beaucoup... mais saintement.
Si vous saviez, Monsieur, leur affreux dénûment!

M. LEDRU, s'emportant.

Je le dis et redis : ceux que nos pédagogues
Nous montrent si charmants sont d'exécrables dogues;
Pour eux, par eux, contre eux, on devient loup-garou;
A la place du cœur on n'a plus qu'un caillou,
Quand, en pur bienfaiteur, de leur ingratitude
On a fait, comme moi, l'épouvantable étude;
Quand d'un toit d'hôpital pour eux seuls commencé,
En rencontrant un piège, à terre on fut lancé.

(Les dames se lèvent.)

UNE DAME, avec âpreté.

Et vous ne donnez rien POUR LES FEMMES EN COUCHES?

M. LEDRU, irrité.

Je n'ai jamais joué, morbleu, les Scaramouches.

UNE DAME, indignée.

Méchant, gardez votre or; méchant, sur des grabats
La faim, le froid, la fièvre, en leurs sombres ébats,
Sans pitié comme vous, moissonnent des victimes;
Méchant, tremblez déjà, tremblez; aux noirs abîmes,
Avec tout parvenu traître à la charité,
Le Seigneur vous aura bientôt précipité.

M. LEDRU, prenant avec colère un billet de banque dans son portefeuille.

Prenez ces cinq cents francs : le diable vous emporte!

SATAN, invisible.

Je ne puis...

M. LEDRU.

Ne frappez jamais à cette porte!
Vous demandez l'aumône un poignard à la main.

UNE DAME, tout émue.

J'ai tort, mille fois tort, vous êtes bon, humain...
Vous deviez nous chasser... pardon de mon insulte,
Monsieur, pardon, pardon : tant de bien en résulte.

M. LEDRU, d'un ton plus doux.

Vous ne reviendrez plus.

UNE DAME.

Non... tant que durera
L'or que vous me donnez, que le ciel bénira.

(Elle sort avec sa compagne.)

M. LEDRU.

Oh! certainement pas. Si j'ai fait une aumône,
C'est contraint et forcé; malgré moi, j'en ris jaune;
Jamais à mon actif Dieu ne la portera.

SATAN, invisible.

Tant mieux si cette aumône est ton *nec plus ultra*.

SCÈNE XI

UNE SALLE CHEZ UN MARCHAND DE VINS,
EN FACE DE L'USINE DE M. LEDRU.

SATAN (LAROSE), LORRAIN, LEDOUX, TAUPIN et quelques autres ouvriers.

LEDOUX.

Bah! il ne viendra pas.

GAILLARD.

Il accourra, te dis-je.

LEDOUX.

Mais il n'est pas guéri.

GAILLARD.

Son intérêt l'exige;
Ses béquilles pour lui sont un amusement;
Il va te les jeter bien loin dans un moment.

SCÈNE XII

LES PRÉCÉDENTS, M. LEDRU, appuyé sur le bras d'un domestique.

M. LEDRU, d'une voix dure.

Que voulez-vous, les gars?

GAILLARD, du ton le plus mielleux, le plus faux et le plus prétentieux.

O vous, le meilleur maître,
Et certes le moins fier — Il le faut reconnaître —
Vous avez bien voulu vous rendre auprès de nous!
Nous devrions tomber ensemble à vos genoux.

M. LEDRU.

Gaillard, ça ne mord pas.

GAILLARD.

La grève est la misère.
Nous osons vous prier d'être pour nous un père;

Nous nous résignons tous à vous demander moins,
Et c'est vraiment trop peu pour nos affreux besoins.
Quand vous vivez dans l'or, l'indigence torture
L'ouvrier fécondant votre manufacture.
D'un dixième environ on vous modérera
Une augmentation, qui pour nous deviendra,
(Appuyant.)
Quand vous aurez signé, la dernière des primes
Offerte à la cherté dont nous sommes victimes.
Vous avez si bon cœur, vous connaissez si bien
Le peu qu'un ouvrier, *un libre citoyen*,
Doit gagner pour nourrir ses enfants et sa femme!
Daignez avoir pitié d'un peuple qu'on affame.
Au milieu des trésors, vous mangerez bien mieux,
Si de votre bonté nous rendons grâce aux dieux.
Sur vos énormes gains c'est une bagatelle,
Dont chacun de nous tous obtiendra sa parcelle.
Nous pourrons ajouter à nos maigres repas
Ce qu'il faut de rigueur, ce que nous n'avons pas,
Ce que nous implorons d'une bonté prodigue,
Qui des plus lourds bienfaits jamais ne se fatigue.
Notre reconnaissance, heureuse de prier,
En dilatant pour vous notre cœur d'ouvrier,
Vous récompensera du faible sacrifice
Où vous vous montrerez un géant de justice.
Nous baiserons, Monsieur, l'empreinte de vos pieds,
Presque en vous adorant, si ce soir je m'assieds
A mon pauvre foyer, sans avoir la famine,
Et si j'y peux bénir votre grâce divine.

LEDOUX, à part.

Oh! mon Dieu! quelle langue!

M. LEDRU.

Avez-vous terminé?

GAILLARD.

Mais oui, Monsieur Ledru.

M. LEDRU, de plus en plus dur.

C'est bien maquignonné,

Point d'augmentation ! La concurrence folle
M'oblige à prononcer cette rude parole.
Vous gagnez beaucoup plus, si vous travaillez bien,
Que le petit commis, *le libre citoyen*,
Soit dans un magasin, soit dans un ministère,
Où, sous un habit noir, il cache sa misère.
Très sûrs de vos repas, l'un par l'autre rejoint,
Vous travaillez encor quand on n'achète point.
Les pertes que je fais, en attendant la vente,
Vous ne les sentez pas; tant pis que je les sente.
Je n'ai pas renvoyé le plus simple ouvrier,
Même alors qu'il venait chez moi *tartufier*.
Si vous êtes blessés, si vous êtes malades,
Mes sœurs de charité, comme à des camarades,
Ouvrent mon hôpital : vos femmes, vos enfants
Retombent à ma charge en mangeurs dévorants.
— Lorsque les fils du peuple à leur apprentissage
Ont consacré trois ans, et même davantage,
Devenus compagnons dans leurs divers métiers,
Ils peuvent se compter pour quelques cent milliers:
Par millions ensuite il faut mettre en balance
Les rudes laboureurs vivifiant la France,
Et les manouvriers n'ayant pas un état
Où par grève subite on passe à l'attentat.
Tous les Jean de Paris, tous les Jacques Bonhomme
Seraient-ils les enfants de deux espèces d'hommes ?
Quand, fatigués de boire, aux ateliers fermés,
Les uns baissent le dos quelques jours non chômés,
Les autres vont suer, loin de l'ivrognerie,
Du matin jusqu'au soir sous un ciel en furie.
Les uns voudraient manger sans jamais travailler,
Les autres nourrissant leur peuple à gueusailler;
Les uns sont toujours prêts aux plus sombres révoltes,
Les autres demeurant esclaves des récoltes.
C'est trop fort. Vous parlez de devoirs et de droits,
Et d'inégalité! Ruse de maladroits.
Quand l'homme gagne un franc, la femme légitime
Dans son honnêteté ne gagne qu'au centime,
Et nourrit ses enfants qu'il faut moraliser.
Mais le mari pervers, pressé de s'amuser,

Accourt au cabaret où l'affreux vin l'enivre,
Où bientôt l'eau-de-vie à l'absinthe le livre
Tant pis si ses enfants à la maison ont faim,
Tandis qu'avec sa paie il va boire leur pain.
Vos demandes de fous, que seulement j'écoute,
Si je les exauçais, jusqu'à la banqueroute
Pourraient bien m'entraîner. Ah! cela vous déplaît?
Allez-vous faire pendre : on n'en est pas plus laid;
Ou bien encor, mettez le feu dans mon usine
Et dans vos hôpitaux. Pour la gent assassine,
Ce n'est que bagatelle. A votre juste gain
Je n'ajouterai rien, aujourd'hui ni demain.
Je ne m'attendais pas à votre ingratitude...

(A son domestique :)

Qu'on m'emmène d'ici. Dans votre multitude,
S'il revient par hasard un seul grain de bon sens,
Tâchez de regretter des jours avilissants.

(Il sort avec son domestique.)

SCÈNE XIII

LES PRÉCÉDENTS, moins M. LEDRU.

GAILLARD, avec emphase.

Sous prétexte du bien, il sème la ruine!...
Qui veut incendier les hôpitaux, l'usine?

LES OUVRIERS.

Moi! moi! Le scélérat! Le satané brigand!

GAILLARD.

Vous voyez qu'il y compte : il nous jette le gant!
Vous parlez tous ensemble. Eh! que le sort décide!

LES OUVRIERS.

Non, tous!

GAILLARD, redoublant d'emphase.

Mettez le feu chez le liberticide.

(Applaudissements. Plusieurs ouvriers sortent pour allumer l'incendie.)

SATAN (LAROSE).

C'est bien, très bien, Gaillard. Tu vaux un Mirabeau.

GAILLARD, avec une feinte modestie.

Oh ! non, certainement, je ne suis pas si beau.

(Il s'adresse de nouveau aux ouvriers :)

La Révolution est enfin commencée :
Vous voyez, citoyens, notre perte annoncée :
Elle est inévitable. Armés jusques aux dents,
Il faut reconquérir ce que des impudents,
Des voleurs, des bandits aux pauvres dérobèrent.
Venez à l'assemblée où pour nous délibèrent
Les fameux orateurs, les nouveaux, les anciens,
Et vous applaudirez les nobles plébéiens,
Soldats de l'ouvrier, soldats de la vengeance,
Aux riches disputant une inique opulence,
Et nous la conquérant dans d'éloquents tournois...

(Il aperçoit l'incendie.)

L'usine flambe enfin des fondements aux toits !

(Applaudissements.)

Plus rien dans notre main, plus rien dans notre bourse !
L'émeute est aujourd'hui notre seule ressource ;
L'heure a sonné propice au bouleversement ;
Du fond de la sentine, allons au firmament :
Envoyons les patrons pourrir tous dans les bagnes.

SATAN (LAROSE).

Tu pourrais en parlant soulever des montagnes !
Tu sais mieux que personne attacher le grelot !

GAILLARD.

Oh ! non.

SATAN (LAROSE).

(Bas.)

Si ! — Dans l'Enfer il accourt au galop.

FIN DU DEUXIÈME ACTE

ACTE III

LES CONSPIRATEURS

SCÈNE PREMIÈRE

UN CABINET DE TRAVAIL DE L'ASPECT LE PLUS MISÉRABLE.

M. RIBALDOT, SATAN, invisible.

M. RIBALDOT.

Me voilà tout entier dans la guerre civile.
A l'homme un peu prudent je semble un imbécile.
Quelle erreur ! Je ferai dans le gouvernement
Rafle d'or et d'emplois, tout en les blasphémant.
D'une rébellion presque indisciplinable,
Après d'autres je suis l'*éditeur responsable.*
Mais je garde en mes mains tous les ordres secrets
Qu'ont signés les vrais chefs, en leurs jours indiscrets :
Pour eux dans mon taudis je suis un thérapeute :
Soit ! j'ai joué ma tête au profit de l'émeute ;
Mais j'en tiens tous les fils. Trois hommes seulement
Savent que je les tire au propice moment.
Delétaire et Birbone ont des dossiers horribles,
Ils ont besoin de moi presque en *enfants terribles.*
Mon troisième larron est le plus dévoué...

(en riant.)

Ma foi ! je suis content. Le diable soit loué !

SATAN, invisible.

Mais je l'espère bien. Cher ami, je te gâte !
A ton premier appel j'accours en toute hâte,
Je t'aime, je t'inspire, et te vends des succès...
Payables seulement sur lettres de décès !

M. RIBALDOT, après un moment de silence.

Pourtant méfions-nous de ce patriotisme
Qui s'élève parfois jusques au terrorisme.
« Que de crimes commis en ton nom. Liberté ! »
Le sanglant despotisme en toi s'est enfanté,
Alors que l'on domptait ta volonté farouche,
Ou qu'on risquait contre elle une simple escarmouche.
Quiconque fait métier de révolution,
Quærens quem devoret, non en noble lion,
Mais en immonde hyène aux cadavres ardente,
Bien loin de s'imposer une règle gênante
Est impérialiste, ou franc républicain
— *Couleur caméléon* — royaliste incertain,
Sérieux mécréant, religieux pour rire.
D'aucune opinion il ne veut le martyre,
Et devient très savant à s'y prostituer.
Après une victoire il fait destituer
Chaque fonctionnaire éminent dans sa place,
Et la donne au vaurien d'une ignorance crasse.
Un grand « calculateur » dans un poste important
Est-il indispensable ? « Un danseur » débutant
L'obtient, pour commencer son cours d'arithmétique.
D'un nouveau potentat telle est la politique :
Ses plus grands favoris, parfumés dans l'égout,
Du premier au dernier inspirent le dégoût.
Mais, arrivé par eux, ils restent ses complices,
Jusqu'au jour du retour aux vieilles immondices.
Eh bien ! « nous chanterons son air » en grimaçant ;
Avec une autre enseigne, un mot retentissant,
On bouleverse tout, il n'est rien que l'on n'ose,
Et, ma foi ! pour changer, c'est toujours même chose.
On donne un tour de roue, on graisse les essieux,

(Dérisoirement.)

Le vieux *char de l'État* en marche d'autant mieux.

SCÈNE II

M. RIBALDOT, M. DELÉTAIRE, M. BIRBONE.

M. DELÉTAIRE, en entrant.

Salut au citoyen!

M. RIBALDOT.

Point de mot ridicule,
Delétaire, souillant mon austère cellule.

M. DELÉTAIRE.

Austère, si l'on veut. Mon cher, pas de cela!
Ce ridicule mot toujours ensorcela,
Ensorcelle toujours l'engeance versatile
A nos sombres projets éminemment utile.

M. BIRBONE, en entrant.

Salut aux citoyens!

M. DELÉTAIRE, riant.

Pas de convulsion!
De ce mot acceptez la répétition,
Un mot sacramentel dans notre république,
Celle très sociale et très démocratique.

M. RIBALDOT, allant vers la porte.

Commençons par tirer sur nous trois le verrou;
Craignons les espions. Même au fond de ce trou,
Ils pourraient nous dresser quelque fatale embûche.

(Il tire le verrou.)

M. DELÉTAIRE.

Nos trésors sont à sec, et l'estomac d'autruche
Dont l'Enfer enrichit plus d'un républicain,
Ne peut pas accepter ce régime malsain.

M. RIBALDOT, avec impatience.

Finissez, Delétaire! En ce jour peu risible,
Toute plaisanterie est incompréhensible.

M. DELÉTAIRE, avec humeur.

Vous le savez très bien : mort, je plaisanterai.
Je suis encor vivant : je me corrigerai.

M. BIRBONE.

Et vous aurez raison.

M. DELÉTAIRE, piqué.

Voyez-vous ce Birbone !
Cela m'est fort égal : je suis bonne personne;
Je puis attendre encor. Mais la féroce gent,
Que peut seul attendrir le prodigue d'argent,
Commence à se lasser et voudrait sa pâture.
Elle est très affamée et Dieu sait son murmure !
Fouillez à l'escarcelle : il en est temps, grand temps.
N'attendez rien des gueux : ils sont si dégoûtants !
Comme à la guerre l'or est le nerf des émeutes.
Donnez-en donc beaucoup à vos ignobles meutes.

M. RIBALDOT, présentant à MM. Delétaire et Birbone un paquet de billets de banque.

Prenez cette liasse.

M. BIRBONE, la prenant.

Et d'autres la suivront ?
Notre émeute est dans l'air. Les gueux l'abaisseront.

M. RIBALDOT, sans répondre.

Résumons avant tout ce que nous devons faire.
Avec vous, je le sais, rien n'est moins nécessaire,
Mais vous excuserez un reste de souci;
Il faut que cette fois tout soit bien éclairci.
— Vous avez, n'est-ce pas, des amas de pétrole ?

M. DELÉTAIRE.

Et oui, certainement. N'est-on pas ignicole ?
Si nous étions vaincus nous en revêtirions
Jusqu'au moindre édifice, et nous l'enflammerions.

M. RIBALDOT.

Dès le premier tué vous prendrez son cadavre :
Qu'il soit sanglant, surtout...

(Mouvement de M. Delétaire

M. BIRBONE, dérisoirement.

Eh! quoi! cela vous navre?
Allez-vous, par hasard, faire du sentiment?
Nous jouons notre vie à cet *amusement*.

M. RIBALDOT, reprenant.

Les porteurs de brancards à la nuit s'improvisent...
D'avance ils sont tout prêts : gare qu'ils ne se grisent!
Il faut vous procurer des torches, des flambeaux
(Rien ne fait plus d'effet en creusant des tombeaux)
Et l'on se met en route au milieu des ténèbres :
Elles sont de rigueur dans les marches funèbres.
On court au boulevard en criant, en hurlant,
Et l'on y marche ensuite à son pas le plus lent.
Vous connaissez les cris : *On égorge nos frères!*
Rien ne soulève mieux les masses populaires.
Vous n'éviterez point le lâche assassinat.
(Il faudrait être Dieu pour qu'on le pardonnât :
C'est de règle sur terre en toute république.)
Un assassin plaçant sur le bout d'une pique
Une tête coupée... et la multipliant,
Peut devenir pour vous un utile client;
Évitez cependant que le cannibalisme,
En prétextant l'excès d'un pur patriotisme,
Ne vienne dégrader vos terribles exploits :
Le monstre populaire y tomba plusieurs fois.
Déchaînez la jeunesse, avec son fanatisme,
Toujours de bonne foi, courant au cataclysme.
Elle ignore qu'on fait dans les pires États,
En les régénérant, d'habiles apostats.
Par une conversion, qu'à tout vent ils colportent,
Ils rentrent au pouvoir aussitôt qu'ils en sortent.
Le chemin de Damas fut réparé pour eux :
Ils n'y tomberont pas désarçonnés en preux.
Vous soignerez d'ailleurs l'apôtre à vieille barbe :
Il vous ferait en mer sauter la sainte-barbe.
Insensé très sincère en sa conviction,
Il pousse un peuple heureux à la rébellion.
Des forçats libérés faites vaste récolte;
Vous savez à quel point ils parent la révolte...

S'il leur semble facile, ou leur semble certain,
Ils se feront tuer pour courir au butin.
Arrachez les pavés ; jetez aux barricades
Les lâches, les peureux, les faiseurs d'algarades ;
Prodiguez l'eau-de-vie et le plus âpre vin :
Il mérite son nom : *c'est un jus tout divin*,
Alors qu'on veut lancer aux grandes saturnales
Les bandes de coquins, les bandes infernales,
Qui, pleines d'alcool, ivres le plus souvent,
Vont se faire tuer, la plèbe survivant.
Fanatisez la femme ou bien plutôt la folle,
Qu'au moment du combat enlève une parole.
Par quelque flatterie il faut l'*enguirlander*,
Et lui faire un devoir de se *dévergonder*.
Allumez son ardeur, déchaînez sa démence ;
Elle court au péril comme à la contredanse.
Qu'un combattant faiblisse ou veuille reculer,
Elle crie : En avant !... et le fait s'immoler...

M. BIRBONE, brutalement.

Vous moquez-vous de nous ? Je n'y puis condescendre.

M. RIBALDOT, étonné.

Quelle mouche vous pique ?

M. BIRBONE, de même.

Allez-vous nous apprendre
Notre premier métier, à Delétaire, à moi !
Pas de prétention de plus mauvais aloi.
Je suis très franc, mon cher : votre montre retarde...
Oh ! n'allez pas me prendre une face hagarde.
Au complot tant de fois en vain recommencé,
Nous sommes engagés par tout notre passé ;
D'accord. Dans des prisons fort peu récréatives
Nous fûmes « de la vie infortunés convives » ;
D'accord ; et dans la rose où vous vous prélassez,
Quand nous sommes proscrits, seul vous disparaissez ;
D'accord ; mais je suis franc : Votre or est-il en hausse ?
En donnez-vous beaucoup ? Parfait : je vous exauce.

Je joue à pile ou face un horrible trépas.
Sur moi, sans beaucoup d'or, mon cher, ne comptez pas.
Si vous le prodiguez, je me risque au contraire
A vous recommencer cette terrible guerre,
Où je suis dès longtemps votre porte-drapeau.
Pour la dernière fois j'y veux jouer ma peau.
Est-ce assez franc ?

M. DELÉTAIRE, riant.

Birbone a-t-il de l'éloquence !
Au propre, au figuré, sans nulle différence,
Cet homme parle d'or.

M. RIBALDOT, cachant son courroux et donnant des rouleaux d'or à M. Birbone.

Et j'en donnerai, moi !

M. BIRBONE.

Et moi j'en saurai faire un profitable emploi.
Vous vous rappellerez, seigneur Sardanapale,
Votre vieille promesse à l'heure triomphale.
« L'or est une chimère », — on le sait : je suis franc.
Dans votre République il me faut un haut rang.
En dédaignant beaucoup leurs troupes ordinaires,
Je ne dédaigne pas les grands fonctionnaires.
Je l'ai dit : je suis franc. En conspiration,
Je suis homme de main et d'exécution...
A prix fort.

(M. Birbone sort.)

SCÈNE III

M. RIBALDOT, M. DELÉTAIRE.

M. DELÉTAIRE.

Il aura... quelle très belle place ?

M. RIBALDOT, furieux, mais se contenant.

De ses prétentions le drôle me harasse.

M. DELÉTAIRE.

A le récompenser peut-être hésitez-vous.
Et vous ne craignez pas son terrible courroux?

M. RIBALDOT.

Admettre au premier rang une espèce pareille!

M. DELÉTAIRE, d'un ton significatif.

Mais vous me réservez quelque rare merveille.
Laquelle, s'il vous plaît? L'or ne me suffit point.

M. RIBALDOT.

Un magnifique emploi, mon cher, y sera joint.

M. DELÉTAIRE.

Et lequel, s'il vous plaît?

M. RIBALDOT, avec impatience.

Mais, avant la bataille,
Comment vous désigner l'emploi que la mitraille
Pourrait vous enlever? Peut-être sous le feu,
Nos noms vont commencer par la syllabe : *feu*...

M. DELÉTAIRE, devenant âpre et menaçant.

Bien! je ne suis pas franc comme notre Birbone;
Mais de l'or qu'à l'émeute un invisible donne,
Je prends, pour commencer, la part des grands forbans.
A ce ce prix je me risque au milieu des brisants.
Mais ce n'est qu'un acompte.

(Il sort.)

M. RIBALDOT, seul.

A quel point ils m'irritent!
Quels avides brigands! C'est la mort qu'ils méritent.
Mais pourquoi m'émouvoir? je vais m'en *dégluer*.
Ils veulent des emplois! je les ferai tuer.

SCÈNE IV

M. RIBALDOT, SATAN, sous le costume qu'il a adopté dès longtemps en devenant l'ami de M. Ribaldot.

SATAN, *entrant sans bruit.*

Espérons-le, mon cher.

M. RIBALDOT.

Le diable vous emporte !

SATAN.

Ce serait malaisé ! J'ai trouvé votre porte
Par vos amis ouverte, et, sans être annoncé,
Je me suis introduit en homme un peu pressé.

M. RIBALDOT, *plaisantant.*

De l'émeute on me dit souverain grand-pontife !
Des gendarmes sur moi j'ai cru sentir la griffe.
Mes drôles sont partis.

SATAN.

Sans s'occuper de vous.
Ils s'occupent de l'or en consommés filous.
Mais vous avez besoin encor de la canaille,
Laissez-vous exploiter, et, comme représaille,
Vous-même l'avez dit, vous les ferez tuer.
Par la reconnaissance, à se prostituer,
Un homme tel que vous ne doit jamais descendre.
Seuls, les pauvres d'esprits conservent un cœur tendre.

M. RIBALDOT.

Eh ! rien n'est plus certain.

SATAN.

En cénacle nouveau
Je compte réunir et le mangeur de veau,
Et le mécréant bête, et le simple bélître,
Et la plèbe imbécile, et le coquin en titre.

J'y serai, c'est très sûr, et vous n'y viendrez pas.
Leur sottise a pour moi « de merveilleux appas ».
Mais dispensez-vous-en. Votre personne insigne
Est trop utile ailleurs. La police est indigne.
Venez, si vous voulez, plus ou moins impromptu,
Entendre bavarder à bouche que veux-tu
Le troupeau malfaisant d'absurdes péronnelles,
Qui prêchent la révolte à des lois éternelles...
Non : c'est encor risquer une arrestation.

(Satan sort.)

M. RIBALDOT, seul.

Professeur admirable, en conspiration !

SCÈNE V

LA CHAMBRE DE M. BIRBONE,
M. BIRBONE, M. DELÉTAIRE, SATAN, invisible.

M. BIRBONE.

Ah ! c'est vous, Delétaire ! Eh bien ! Quelle nouvelle ?
A notre Ribaldot ai-je paru rebelle ?
Vous m'avez donc suivi ?

M. DELÉTAIRE.

Immédiatement.

M. BIRBONE.

Je lui disais son fait. Oh ! mais là, *carrément*.

M. DELÉTAIRE, d'un ton insinuant.

Votre prétention peut-être s'exagère.

M. BIRBONE, s'animant et devenant peu à peu très grossier.

Venez-vous de sa part, très bénin émissaire,
Venez-vous me prêcher la modération ?

M. DELÉTAIRE.

Pas du tout, mon ami. Mais moins de passion.
Pourquoi donc s'animer?

M. BIRBONE.

Deviendriez-vous traître?

M. DELÉTAIRE.

Moi!

M. BIRBONE.

Prenez garde à vous! je me ferai connaître...

M. DELÉTAIRE.

A qui diable en a-t-il? Êtes-vous épineux!

M. BIRBONE.

Monsieur *l'Homme sucré*, je suis très soupçonneux.
De notre Ribaldot, dans un court tête-à-tête,
Qui, soit dit entre nous, n'était rien moins qu'honnête,
Vous avez obtenu des emplois, de l'argent...

M. DELÉTAIRE.

Non certes.

M. BIRBONE.

On connaît votre excès d'entre-gent.
De l'argent tout de suite, et, comme expectative,
La promesse d'emplois, et la plus positive.
Je vendrai la mèche.

M. DELÉTAIRE, dissimulant jusqu'à la fin de la scène.

Ah! vous vous calomniez!

M. BIRBONE.

A maître Ribaldot ainsi vous vous fiez!
Je ne travaille pas, moi, pour le roi de Prusse,
Et je ne tuerai pas gratis même une puce.
Monsieur *Langue dorée*, on est franc avec vous.

M. DELÉTAIRE.

On ne verra jamais plus bizarre courroux
Devant vous j'ai parlé.

M. BIRBONE.

Mais sans parler derrière?

M. DELÉTAIRE.

Si, j'ai fait votre éloge.

M. BIRBONE.

Et de quelle manière?

M. DELÉTAIRE.

En vous vantant beaucoup, mon cher.

M. BIRBONE.

Rien de plus faux.

M. DELÉTAIRE.

Ribaldot, maintenant, se rit de vos défauts;
Mais il m'a fait pour vous promesse solennelle.
Il prétend vous créer une place si belle,
Qu'elle vous paraîtra comme un enchantement.
Il ne m'a rien promis pour moi : j'en fais serment.

M. BIRBONE.

Et j'en dois sur l'honneur croire votre parole?

M. DELÉTAIRE, feignant l'impatience.

Mais il ne s'agit pas ici de faribole.
J'en jure par les saints de tout le Paradis.

M. BIRBONE, avec une véritable impatience.

Eh ! vous n'y croyez pas : nous sommes des maudits.

SATIN, invisible.

Oui.

M. DELÉTAIRE, appuyant sur ce qu'il dit.

Je n'ai rien voulu pour moi; rien, j'articule
Et j'ai demandé tout pour vous, bel incrédule.

M. BIRBONE, radouci.

Il faudra donc vous croire. — A présent, agissons.
Nos efforts réunis, nous les diviserons.
Nous sommes tous les deux d'assez bons chefs de file.
La gent honnête à vous. A moi l'engeance vile.
Mais j'entends du bruit! chut! attendez un moment.
Je reviens.
(Il sort.)

M. DELÉTAIRE.

Il m'a fait querelle d'Allemand :
Puissé-je m'en venger! Grossier comme pain d'orge,
Le drôle me tenait le poignard sur la gorge.
(Birbone rentre.)

M. BIRBONE.

Je m'alarmais à tort : je n'ai rien entendu.
(Il fait le plaisant.)

Quand on a mérité cent fois d'être pendu,
On peut bien, une fois, être sur le *qui-vive!*
(Il tend la main à Delétaire et la lui presse.)

A bientôt.
(M. Delétaire sort.)

Gare à toi, traître, quoi qu'il arrive!

SATAN, invisible.

Très bien! Dans l'infamie ils se sont prélassés :
Ils m'en payeront le prix aussitôt trépassés.

SCÈNE VI

UNE VASTE SALLE PRESQUE SANS MEUBLES.

M. DELÉTAIRE, SATAN, invisible, NOMBREUX ÉTUDIANTS, entrant successivement.

M. DELÉTAIRE.

Hâtez-vous, citoyens, notre retraite est sûre,
Mais nous sommes nombreux; gardez que d'aventure

Se glisse en cette salle un traître parmi nous.
(Montrant la porte.)
Redoutons l'espion jusque sous ces verroux.
(On ferme la porte. M. Delétaire prend une pose d'orateur.)
Espoir de la patrie, admirable jeunesse,
Vous avez devancé la tardive sagesse;
Vous ignorez encore l'égoïsme glaçant,
Qui retarde la mort de l'homme vieillissant;
Vous bravez le trépas; des natures d'élite,
L'abnégation brille en idéal mérite.
Sur moi jetez les yeux. L'âge mûr est venu :
Mon zèle en son ardeur s'est pourtant maintenu.
Il n'est aucun de vous, citoyens, qui ne sache
Mes prisons et mes fers : jamais je ne les cache.
J'ai conspiré toujours, et le gouvernement,
En voulant échapper à son renversement,
De condamnations effroyables, infâmes,
A mon patriotisme, à mes ardentes flammes,
Sans relâche opposa toute sa cruauté.
Deux fois de l'échafaud j'ai craint l'iniquité.
Pour me déshonorer, un éclatant scandale
Me sauva, malgré moi, la peine capitale.
Je l'avoue à regret : je suis amnistié!
D'un bienfait imposé je reste humilié.
(Grands applaudissements.)
— Citoyens, levez-vous; nous respirons la poudre
Demain, après-demain, il faut lancer la foudre.
Notre état social pourri, décomposé,
Doit être dans sa fange enfin galvanisé.
Grandioses vengeurs, colosses de justice,
Pour le régénérer nous entrons dans la lice.
O nobles jeunes gens, notre libre drapeau
Sera vierge à jamais de tout vain oripeau.
Désintéressement, des mots le plus sublime,
Est écrit dans ses plis, y reste légitime.
— En naissant, candidats à l'immortalité,
Vous allez conquérir, avec la liberté,
La palme des héros, la païenne auréole,
Qui vous eût fait jadis monter au Capitole...
(Nouveaux applaudissements.)

— Vous allez commander un soldat apprenti ;
De meurtres il s'enivre ; il semble perverti,
Et sa férocité ne connaît plus de bornes.
N'allez pas essayer de prendre par les cornes
Ce taureau déchaîné dans l'arène du sang.
Le coupable y périt, et parfois l'innocent :
Le peuple se refrène après une victoire.
DIEU RECONNAÎT LES SIENS, a proclamé l'histoire.
Point de sévérités aux révolutions !
Laissons aux faibles cœurs les faibles passions.
Mais aux cœurs forts donnons cet essor du miracle,
Qui seul fait resplendir un grand homme au pinacle.
Élançons-nous au peuple élevé jusqu'à nous ;
Il subit trop longtemps d'effroyables dégoûts.
Secourons ses douleurs, son immense détresse ;
Immolons-nous pour lui ; donnons-lui la sagesse.
Sur les nôtres pesant d'un formidable poids,
A sa part de soleil rendons-lui tous ses droits.
En conquérant les biens dont il semblait indigne,
Il va nous imposer un sacrifice insigne.
Navigateurs fougueux en pleine humanité,
A nous de convertir la fable en vérité.
Dans l'empire infernal, aux temps mythologiques,
Thésée, Hercule entraient en géants héroïques.
Imitons-les, soyons les modernes géants ;
Secouons les torpeurs des âges fainéants.
Reste-t-elle immobile ? Allons à la montagne,
Descendons, vertueux, aux profondeurs du bagne.
Dans l'abnégation du plus beau mouvement,
SURSUM CORDA ! crions : DÉSINTÉRESSEMENT !

(A part.)

Et la farce est jouée.

(Tonnerre d'applaudissements. Les jeunes gens en foule viennent serrer a main à M. Delétaire.)

(M. Delétaire sort.)

SATAN, invisible.

Ah ! coquin ! Mais la farce
A mon profit se joue et j'y suis ton comparse...
Bah ! tu n'es que le mien. Je la ferai payer,
A toi-même surtout, et sans atermoyer.

SCÈNE VII

UNE CHAMBRE D'ASPECT MISÉRABLE.

M. BIRBONE, M. SOUBAGNE, Plusieurs personnages muets, SATAN, invisible.

M. BIRBONE.

Citoyens, loin de nous la moindre inquiétude.
Je vous ai appelés dans une solitude
Heureusement trouvée au milieu de Paris,
Et nous sommes d'ailleurs au danger aguerris.

(il jette un coup d'œil sur l'assemblée.)

Nous voici tous présents, oui, personne ne manque :
Nous pouvons entre nous commencer notre banque.

M. SOUBAGNE.

Est-elle bien fournie?

M. BIRBONE.

Attendez, citoyen.
Tout aussi bien que vous je connais le moyen
D'enflammer à propos la vile multitude,
Qui du bien du prochain a la longue habitude.
Je sais parfaitement que, seul, un financier
Peut faire avec succès notre utile métier.
J'apporte beaucoup d'or : j'en aurai davantage.
Aux plus déterminés faites-en le partage;
Et prenez largement votre lot avant tout.
Mon or est sans odeur, mais il a très bon goût.
Vous seuls pouvez descendre aux repris de justice,
Ou, pour mieux m'exprimer, aux grands hommes du vice,
Qui nous viennent jouer leur vie à pair ou non,
Aussitôt qu'à piller les provoque un canon.

(Il jette sur la table les billets qu'il a reçus chez M. Ribaldot, en gardant pour lui-même les rouleaux d'or.)

M. SOUBAGNE, dédaigneusement.

Doublez... non : quadruplez. Quelle pauvre mitraille !
J'en suis vraiment honteux.

M. BIRBONE, étonné.

Attendez qu'on travaille !

M. SOUBAGNE.

A d'autres, s'il vous plaît ! Pour mes amis, pour moi,
C'est suffisant. Aux gens de très mauvais aloi,
Qui peuvent rendre, seuls, une émeute possible,
Et qui croient à l'argent beaucoup plus qu'à la Bible,
Il ne restera rien. On ne marchera pas.

M. BIRBONE, très mécontent.

Ah ! les billets de banque ont pour vous trop d'appas.

M. SOUBAGNE.

Point d'argent, point de suisse ! Avec votre GRAND HOMME
Mettez-nous en rapport... au plus tôt... Il se nomme ?

M. BIRBONE.

Nemo ! Si ces billets vous sont insuffisants
Je pars.

M. SOUBAGNE.

Traiter ainsi ses meilleurs partisans !
Nous seuls soulèverons la formidable troupe,
Qui peut mettre à la fin un État en déroute.
Elle n'ira jamais se battre à si bas prix.
Si je l'avais offert, elle n'eût pas compris.

M. BIRBONE.

Gardez peu d'or pour vous, beaucoup pour la canaille :
Il faut l'alimenter jusques à la bataille.
Sur le bien du prochain, aux jours victorieux,
Elle vous abattra ses ongles furieux,
Ou ses griffes plutôt : c'est la règle infaillible.
Vous pouvez tamiser votre plèbe au gros cible,
Il n'en tombera pas même un seul combattant,
Sans l'espoir de piller, aux balles s'exaltant.

M. SOUBAGNE.

Eh bien! nous essaierons de votre beau système,
Et nous allons agir. Fixez l'instant suprême.

M. BIRBONE.

Attendez le mot d'ordre. Il n'est pas encor dit,
Mais partez. On prétend que je suis un bandit.

(M. Soubagne et les personnages muets sortent.)

Cela ne va pas mal. Dans toute cette tourbe,
Pourvu que seulement ne se rencontre un fourbe.

SATAN, invisible.

Cela peut arriver. Mais à la trahison
Je n'ai pas intérêt. Elle est donc sans raison.

SCÈNE VIII

SALLE DE MARCHAND DE VINS, peu éclairée, au rez-de-chaussée.
Deux portes et deux fenêtres. Il est nuit.

M. DELÉTAIRE, M. BIRBONE, GAILLARD, SATAN, invisible.
PLUSIEURS MAITRES-OUVRIERS.

M. BIRBONE, brutalement.

Nous sommes entre nous, citoyens. En apôtres,
Bien différents de ceux à vaines patenôtres,
Nous venons vous prêcher le terrestre intérêt,
Le seul qui devant l'or doit nous mettre en arrêt.
Mon ami peu connu, dans sa forte parole,
Sans les banalités d'un traître qui cajole,
Va vous dire comment, du rang des avachis,
Vous devez conquérir le rang des enrichis.

(Mouvement parmi les ouvriers.)

M. DELÉTAIRE, avec emphase.

Citoyens, nous touchons au jour de la revanche.
Sur l'État social tombons comme avalanche.

Il faut de notre sang arroser en héros
Une cause sacrée, arracher les barreaux
Sous lesquels ont gémi les vaillants et les lâches.
Vous avez à remplir la plus noble des tâches ;
Vous êtes les vaillants : vous vous y dévouerez,
Et les lâches nombreux vous les mépriserez.
La jeunesse bientôt désertera l'école,
Et jettera la boue à sa vieille auréole.
Elle vous laissera l'immensité du gain :
Vous le distribuerez de votre noble main.
Avec elle bientôt contre la soldatesque
Vous allez commencer la lutte gigantesque ;
Vous allez dominer tous ces pauvres d'esprit,
Où par l'intelligence on reste un vil conscrit ;
Vous vous réserverez dans nos sanglantes fêtes
Une part de lion, une part de conquêtes :
De la témérité, pour vous les plus beaux fruits,
Et pour eux le servage : ils y sont trop instruits.
Point de stupidité, de sacrifice injuste,
Mettez dans vos efforts une grandeur auguste ;
Arrachez au combat leur affranchissement,
Utilisez pour vous votre beau dévouement.

(Il s'adresse au citoyen Gaillard.)

Grand citoyen Gaillard, il est vraiment inique
Qu'un homme tel que vous, en temps de république,
Ne soit pas souverain d'un établissement
Fondé par le commerce antérieurement,
Et qu'il ne tienne pas sous une main solide
Un peuple envenimé de fureur homicide !
Oh ! suprême injustice ! Oh ! féroce destin !
Oh ! fatale infamie ! Oh ! règne du crétin !

(Grands applaudissements.)

(A part, bas.)

Les sots ! ont-ils gobé ma stupide pilule !

SATAN, invisible.

Sur le pour et le contre il saute en funambule,
A coup de grosse caisse il fait son boniment.
Tant mieux ! Le sens commun touche à son râlement.

SCÈNE IX

LES PRÉCÉDENTS, UN COMMISSAIRE DE POLICE, suivi de quelques agents.

LE COMMISSAIRE DE POLICE, entrant par l'une des portes.

Au nom de la loi...

(M. Delétaire, M. Birbone, et leurs complices, tirent des poignards.)

M. DELÉTAIRE, bondissant.

Vite! éteignez les lumières!

(Il désigne la seconde porte; on l'ouvre; des agents apparaissent.)

Fuyez par cette porte!... Ils gardent les derrières.

(Birbone poignarde un agent; Delétaire tue le commissaire.)

Frappez, Birbone! Bien! A mort le scélérat!
Jamais pour la police on ne doit être ingrat.

UN MAITRE OUVRIER, tombant frappé par un agent.

Ils m'ont tué, grand Dieu! Moi si grand patriote.

M. DELÉTAIRE, frappant un agent.

Mais je vais te venger. Tiens! pare cette botte!
Birbone, bien joué! Quel horrible guignon!
Voilà que tombe encore un hardi compagnon!...
Bien! Tous nos ennemis, pour le coup, sont en fuite.
Achevons nos mourants, allons, et tout de suite!

(Il donne des coups de poignard aux maîtres ouvriers frappés par les agents.)

Point de vaine pitié!... La victoire est à nous!
Par la nécessité nous sommes tous absous...
Ils pourraient nous trahir... Enfin, nous voici maîtres...
Pas un moment perdu... Sautons par les fenêtres...
Quelle stupidité! Personne en faction!

(Ils s'élancent tous dans la rue.)

SATAN.

L'adorable bandit! Quelle décision!

FIN DU TROISIÈME ACTE

ACTE IV

LES ASSEMBLÉES

CONFÉRENCE DE FEMMES

VASTE SALLE occupée par un très grand nombre de femmes et par quelques hommes venus en curieux.

SCÈNE PREMIÈRE

SATAN, tantôt invisible, tantôt sous le costume de divers hommes, et, en finissant, sous le costume d'une femme de cinquante ans. La PRÉSIDENTE, LA CITOYENNE OLYMPIENNE, LA CITOYENNE EAUCLAIRE, LA CITOYENNE FOLLENVILLE, LA CITOYENNE MICHEL-ANGE, VOIX D'HOMMES et de FEMMES.

Les femmes parlent toutes du ton le plus emphatique. La Présidente y tombe moins souvent.

SATAN, invisible.

Ces pécores ne sont que des comédiennes,
Jadis, pour la plupart, franches bohémiennes.
Elles ont dépassé le temps des amoureux,
Et, faute d'en trouver qui leur soient dangereux,
Elles sont aujourd'hui des femmes incomprises.
Chastes en enrageant, à dire des sottises

Chacune s'évertue, et dans un beau tournoi
Vient *pourfendre le vent* et combattre avec moi.
Pour faire la débauche, au moins celle des langues,
Elles ont élevé leur tribune aux harangues.
A femme saltimbanque il faut bien un tréteau :
Nous voici revenus aux jours du roi Pétaud.

LA PRÉSIDENTE, avec majesté.

D'un congrès solennel, au jour humanitaire,
Citoyennes, je prends la présidence austère.
L'homme, notre oppresseur, notre éternel souci,
Sous nos coups redoublés doit se rendre à merci.
Des femmes aujourd'hui nous sonnons la fanfare,
Ou plutôt nous allons illuminer un phare
Dont le nouveau foyer, toujours incandescent,
Projettera sur l'homme un rayon l'éclipsant.
Nous devons secouer notre joug séculaire,
Si pesamment injuste aux heures de colère,
Si fécond en malheurs, si plein d'abjections,
Si provoquant toujours nos justes passions.
Sur les femmes enfin, de la seule duègne,
Riche d'expérience, est arrivé le règne.
Que les hommes, longtemps nos tyrans à genoux,
Renoncent au pouvoir appesanti sur nous.

(Applaudissements.)

LA CITOYENNE OLYMPIENNE, à la tribune.

La malheureuse femme, au temps préhistorique,
Était bête de somme, et, dans le temps antique,
Elle était une esclave à l'homme appartenant ;
De nos jours elle reste, en plus d'un continent,
Condamnée aux travaux, aux plaisirs vils, immondes
Qu'au blanc, au noir, au rouge, au jaune des deux mondes
Elle fournit. Chez nous, malgré son front serein,
Éternelle mineure, elle ronge son frein.
Au temps mythologique existait l'amazone...

VOIX D'HOMME

Existait la furie, existait la gorgone !

LA PRÉSIDENTE.

Écoutez en silence !

LA CITOYENNE OLYMPIENNE.

Hercule, l'invaincu,
A pu seul lui crier : Ton grand peuple a vécu !
Thalestris, Antiope avec Penthésilée
Ont fatigué longtemps la Renommée ailée :
A l'univers entier elle a dit leurs exploits.
Sachons les imiter : brûlons tous les seins droits...

VOIX NOMBREUSES DE FEMMES.

Non !

UNE VOIX MOQUEUSE.

Elle n'en a pas !

LA CITOYENNE OLYMPIENNE, avec dédain.

Eh bien ! qu'on les conserve.
Tremblez qu'en les sauvant votre ardeur ne s'énerve.
— L'amazone a prouvé, dans ses puissants ébats,
Que la femme vaut l'homme à l'heure des combats.
— Et les siècles marchaient. Sémiramis, la Grande...

VOIX D'HOMME.

La reine de Saba, même la fée Urgande...

(Rires.)

LA PRÉSIDENTE, sévèrement.

Silence ! citoyen. En fait de quolibet,
Vous ne semblez en être encor qu'à l'alphabet.

(Le silence se rétablit.)

LA CITOYENNE OLYMPIENNE.

Sémiramis la Grande épouvanta le monde ;
Elle étendit au loin une main furibonde :
Éthiopien, Mède et Perse, et Lybien,
Préparèrent les coups portés à l'Indien...

SATAN, sous une apparence d'homme.

A l'homme elle ravit une gloire suprême:
En reine, aux vieilles mœurs elle dit : Anathème !

Quelle femme ! Adorons ! Toujours en triomphant,
Elle apprit à son fils comment on fait l'enfant.

LA PRÉSIDENTE.

Calomnie effroyable entre les plus obscènes !
Songez donc qu'il s'agit de la Reine des reines !

SATAN, contenant la phrase.

Et de grande morale !

LA PRÉSIDENTE.

Ah ! les femmes, ici,
Sont toutes pures.

SATAN, à part.

Oui ! c'est leur plus grand souci.

LA CITOYENNE OLYMPIENNE.

Dans la Grèce et dans Rome, et dans le moyen âge,
Sous les brillants lambris, dans le fond du village,
Je ne rassemble pas le formidable essaim
Des femmes que la Gloire a pressé sur son sein.
Je passe sous silence une troupe sublime
Où l'homme est effacé par notre sexe infime.
Mais, grand Dieu ! je succombe à l'éblouissement ;
J'arrive à Jeanne Darc, au resplendissement.

SATAN, sous l'apparence d'un autre homme.

Jeanne Darc ! Ah ! fi donc ! Cette immense bécasse
Ne croyait-elle pas au bon Dieu qu'on fricasse ?

LA PRÉSIDENTE.

Rougissez, citoyen, ces écarts font pitié,
Sans vous exposer même à notre inimitié.
— Jeanne Darc exalta la gloire féminine,
On doit lui pardonner sa sottise divine.
Grandiose toujours en des combats nombreux,
Elle vainquit l'Anglais, vainqueur des plus grands preux.

LA CITOYENNE OLYMPIENNE.

Ainsi, dès les vieux ans jusques au temps moderne,
La femme reléguée en un rang subalterne,

Mais dans sa chasteté, belliqueuse Vesta,
Devint une héroïne, accourut, s'emporta,
Hacha les bataillons, où, malgré leur vaillance,
Des milliers de guerriers succombaient sans vengeance.
Que l'on redoute enfin nos terribles courroux :
Les hommes fort souvent sont plus faibles que nous.

VOIX D'HOMME.

Plus d'une dès longtemps porte déjà moustache,
Et, pour paraître femme, en secret se l'arrache.
Homme caricature et soldat fanfaron,
Elle veut aujourd'hui porter barbe au menton.

AUTRE VOIX.

Citoyennes, hélas! quelle ardeur vous enflamme?
L'horreur pour notre sexe, empoisonnant votre âme,
Va dépeupler le monde. Au pauvre genre humain
Gardez moins de rigueur; gardez le vieil entrain.

LA PRÉSIDENTE avec dédain.

Est-ce spirituel? — De nos vœux séculaires,
Citoyennes, tels sont les éclats sanguinaires.
Revenons à la paix; sur les plus hauts emplois,
Connaissez maintenant le larcin de vos droits.

LA CITOYENNE EAUCLAIRE, à la tribune.

Citoyennes toujours aux fonctions publiques,
On trembla d'admirer quelques femmes épiques.
On osa dédaigner nos grandes facultés.
Les hommes, en fouillant dans les iniquités,
Trouvèrent la plus sombre. Ils ont mis au servage,
Ils ont emprisonné la femme à son ménage;
Ils ont été pour nous, depuis l'éternité,
D'insignes exploiteurs feignant l'austérité.
Les bureaux de tabac, ou de timbre, ou de poste,
Seulement partagés, sont le seul holocauste
Qu'à la femme ils aient fait de leurs droits prétendus.
Les nôtres sont restés dans le vide appendus.
Sommes-nous électeurs? Sommes-nous éligibles?
Payons-nous les impôts?...

VOIX D'HOMME.

Les chiens en sont passibles!

(Rires.)

LA CITOYENNE EAUCLAIRE.

Mais nous ne payerons pas, ou *la vache à Gambon*
Ne serait plus qu'un mythe outrageant la raison.
Le fisc n'aura notre or que si la République
Nous accorde à la fin le vote politique,
Et son couronnement l'éligibilité :

VOIX D'HOMME.

Superbe échantillon de masculinité!
Le beau sexe, du laid devenant Don Quichotte,
Et la femme qui tue et la femme qui vote,
Heureuses d'alterner poison et bulletin,
Après le vitriol ouvriront le scrutin.
Au foyer, au forum, victimes de vos flammes,
Pitié pour vos maris, pour vos amants, Mesdames.

(Bravos ironiques.)

LA CITOYENNE EAUCLAIRE, sans daigner répondre.

Les hommes, fourbes tous, en exploiteurs pour eux,
Prennent la grande part de budgets onéreux.
A la femme enlevant chaque prérogative,
Ils la laissent gémir, toujours sur le qui-vive.
Par elle entretenus, ils semblent puritains.

(Elle oublie le texte de son discours et perd la tête en le continuant.)

..... Quand on veut abrutir les peuples aux scrutins,
On trouve beaucoup d'or... En vient-il la disette?
Qu'on vende l'Opéra, qu'on fasse maison nette
..... Ensuite on construira le kiosque au tourment...

VOIX D'HOMME.

Oh! le ventre! chut! chut!

LA CITOYENNE EAUCLAIRE.

Patriotiquement,
Les femmes y viendront bénir la République.
..... Et des prêtres ensuite on chassera la clique.

(Rire général.)

SATAN, invisible.

Le grotesque gâchis!

LA CITOYENNE EAUCLAIRE, se remettant.

Sommes-nous médecins?

VOIX D'HOMME.

Mais consolez-vous-en. Ce sont des assassins.

LA CITOYENNE EAUCLAIRE.

Nous ne sommes jamais franches propriétaires.
Sommes-nous avocats, avoués ou notaires,
Professeurs, érudits, académiciens,
Magistrats ou savants, ou théologiens,
Ou ministres d'État...

VOIX D'HOMME.

Vous êtes sages-femmes...
Femmes sages... surtout... qui nous chantez des gammes,
Au moment où sans trêve, en sonnant l'*olifant*,
Vous ferez de chaque homme une bonne d'enfant.

(Rire général.)

UN HOMME, montant sur une chaise.

Chaque femme a le droit, dont souvent elle abuse,
D'être pour nos péchés une dixième muse;
Chaque femme a le droit d'être un fort grand savant,
Et, loin d'en abuser, elle le jette au vent;
Chaque femme a le droit d'être une immense artiste,
Et, sans en abuser, toujours elle y persiste;
Chaque femme a le droit, qu'elle pousse à l'abus,
De ne voir parmi nous que des tyrans barbus;
Chaque femme a le droit d'être un tyran imberbe
Montrant le despotisme en son abus superbe;
Chaque femme a le droit, dont elle abuse trop,
D'être une Colombine hébétant son Pierrot.

(Il descend de sa chaise. Les rires recommencent très augmentés.)

LA PRÉSIDENTE, avec autorité.

Citoyens, arrêtez un indécent tumulte.
Sans le moindre bon goût, vous nous lancez l'insulte.

Dans vos lazzis usés, comme leur sauf-conduit,
Un atome d'esprit devrait être introduit.

(Le silence se rétablit.)

LA CITOYENNE EAUCLAIRE.

A travers l'infamie il faut que dans le monde,
Sans trêve ni merci, notre bras vagabonde ;
La vieille expérience est l'erreur des vieux temps ;
Les respects qu'elle obtient sont honteux, attristants ;
A nous d'étendre au loin nos mains rénovatrices,
A nous d'élucider les vertus et les vices.
Aux abîmes béants nous précipiterons
Les montagnes d'horreurs qui pèsent sur nos fronts ;
Nous prendrons le dessus sur les hommes, si lâches
Qu'ils nous tiennent sous eux aux plus humbles des tâches ;
Et nous revifierons nos droits agonisants
Après avoir lutté, sans trêve, six mille ans,
Après avoir dû faire, hélas ! de notre sexe
Métier et marchandise ! Épouvantable annexe
Qui s'ajoute à nos maux en faveur de tyrans,
De vils persécuteurs, de cyniques Satans !

(Rires, applaudissements frénétiques et prolongés.)

SATAN, invisible.

Ah ! bah ! — Soit ! Je te garde aux plaines éternelles
La place où j'ai parqué le ramas de femelles
Qui, faute d'accepter sur terre leur destin,
Viennent dans mon logis tomber un beau matin.

LA CITOYENNE EAUCLAIRE.

Mais nous comptons déjà dans nos plus saints apôtres
Ces écrivains élus, grands entre tous les autres,
Qui nous ont consacré leur immortalité.
Ils nous reconquerront, avec l'égalité,
Notre part de soleil et notre droit à vivre.

(Les applaudissements reprennent. La citoyenne Eauclaire descend de la tribune.)

VOIX D'HOMME.

Ils veulent de bon or avec un mauvais livre,
Sans croire un traître mot des divagations
Dont ils font chaque jour d'amples profusions.

Ils sont par jalousie en révolte constante,
Comme enfants naturels, comme fils de servante,
Ou de comédienne, ou de fille sans frein,
Contre la femme, pure en son orgueil serein.

LES FEMMES.

Horreur!

VOIX D'HOMME.

Allez donc voir dans leurs tribus narquoises
Si l'on n'épouse pas les plus simples bourgeoises;
Si l'on veut revêtir les filles d'un pourpoint;
Si l'on n'est pas heureux que la mère ait dit : POINT.

LA PRÉSIDENTE, avec dédain.

Eh ! citoyen, assez. — Respect à la sibylle
Annonçant l'avenir de sa bouche virile.

LA CITOYENNE LIBÉRINE à la tribune.

Les siècles ont légué l'horreur au genre humain;
Mais la femme, aujourd'hui, de sa débile main,
En plein néant repousse une antique routine,
Et puise en plein néant sa nouvelle doctrine.
— A la polyandrie avons-nous quelques droits?
Nous le nier serait le comble du bourgeois...

VOIX D'HOMME.

Déjà plus d'une femme en secret la pratique.

(Rire universel.)

LA CITOYENNE LIBÉRINE

Et bien loin de vouloir qu'une seule l'abdique,
Nous voulons qu'elle soit, pour toutes, justement,
Le privilège clair de l'affranchissement.
A la polygamie, en ce qu'elle a de pire,
Un homme existe-t-il qui sans honte n'aspire...
Que dis-je? qui ne veuille, en pleine liberté,
En exercer le droit vainement contesté?
Voyez en Orient, voyez en Amérique...

VOIX D'HOMME.

Oui, les Mormons! Merci pour la chose publique!

LA PRÉSIDENTE.

Pas d'outrage voilé! Laissez continuer.

LA CITOYENNE LIBÉRINE, dédaigneusement.

Il n'est pas question de se prostituer;
Il faut pouvoir changer sans nulle inquiétude
L'amant qui trop longtemps nous tint en servitude.

VOIX D'HOMME.

Et l'enfant, citoyenne?

LA CITOYENNE LIBÉRINE.

On s'en occupera:
La femme, tôt ou tard, vous le demandera.
L'enfant n'est qu'un détail, peu poétique, en somme;
Nous regarde-t-il plus qu'il ne regarde l'homme?

VOIX D'HOMME.

Mais à le mettre au monde il ne réussit pas!

(Rires.)

LA CITOYENNE LIBÉRINE.

Erreur de la nature, un de ses grands faux-pas.

VOIX D'HOMME.

Une difficulté pourtant semble invincible,
Citoyenne. L'enfant demeure indivisible.
Du père et de la mère il faudrait à la fois,
Contradictoirement respecter tous les droits.
Comment?

VOIX D'HOMME.

Par le moyen de Salomon le sage:
Entre les deux conjoints chaque enfant se partage.

(Nouveaux rires et sifflets.

LA CITOYENNE LIBÉRINE, avec dédain.

Honte à vous, citoyen! Vous osez plaisanter!
Le parti le meilleur, nous saurons l'adopter.
Comptez sur nous.

SATAN, sous une apparence d'homme.

Très bien! Inaugurez l'époque
Où la paternité n'aura rien qui vous choque.
Monsieur de Pourceaugnac, pris même au dépourvu,
Sur la scène, jadis, n'avait-il pas prévu
La population désormais amplissime
Dont Molière et Gresset ont employé la rime?

(Rires et sifflets.)

LA PRÉSIDENTE, avec dignité.

Nous sommes sans vengeurs. Un immense dédain
Remplace le courroux qui meurt dans notre sein.
La noble femme libre, enfin émancipée,
Vous la respecterez quand elle aura l'épée.

(Bravos ironiques.)

LA CITOYENNE LIBÉRINE.

— Depuis l'éternité, le sexe masculin,
Sombre persécuteur du sexe féminin,
A force de lutter arrive à l'impuissance,
Et doit connaître enfin le jour de défaillance.
Pourtant ne croyez pas que nos cœurs révoltés
Aspirent au néant de leurs indignités.
Ce serait méconnaître une mansuétude
Qui de la moindre femme est la longue habitude.
Nous voulons avec lui complète égalité;
Nous voulons attendrir sa dure volonté;
Nous voulons supprimer le mot « indissoluble »,
Qu'au jour de notre hymen la gent portant chasuble,
Devant Dieu supposé, sûre de nos dégoûts,
Hideuse à les prévoir, prononce contre nous.
L'hymen ne sera plus un perpétuel bagne
Où la femme pénètre, où l'homme l'accompagne.
Il doit être un court bail, renouvelé parfois,
Que chaque locataire, à l'heure de son choix,
Peut rompre, en devançant l'échéance du terme.
Citoyennes, c'est là que le bonheur en germe
Va pousser une tige et de puissants rameaux
Abritant le bonheur qui succède à nos maux.

UNE VOIX D'HOMME.

Et l'on va rendre ainsi le divorce inutile;
Mon cœur est soulagé. Quelle épargne de bile!
L'hymen ne sera plus qu'une conscription
Dont on s'affranchira par la revision.

LA CITOYENNE LIBÉRINE.

Mais le mot de DIVORCE apparaît ridicule.
L'union de la femme et de l'homme est la bulle
Qu'un chalumeau d'enfant dans le vide envoya,
Et qu'un souffle de vent ensuite balaya
Peut-on donner un corps aux vanités d'un songe?
Nous voulons dès demain qu'une dernière éponge,
Effaçant de l'hymen la continuité,
Mette la poésie en notre liberté.
Nous voulons n'être plus des sultanes ilotes;
Nous voulons les amours, mais non par leurs menottes;
Nous voulons sur les cœurs conquérir, absolu,
Le pouvoir discuté qui nous fut dévolu.

(Grands applaudissements de femmes.)

SATAN, sous une apparence d'homme.

Et l'on revient toujours à ses amours premières.
Les femmes des vertus sont les usufruitières,
« Mangeant le capital avec le revenu. »

(Rires.)

LA PRÉSIDENTE, à Satan.

A l'invective, ici, seriez-vous donc tenu?
(A l'assemblée.)
Mes sœurs, près d'achever notre tâche sévère,
Il nous faut applaudir la femme humanitaire :
Par l'abject, elle mène à la perfection.

LA CITOYENNE FOLLENVILLE, à la tribune.

Je prétends supprimer la prostitution...

(Rires parmi les hommes.)

VOIX D'HOMME.

Si vous n'en voulez pas, dites vos patenôtres;
Mais n'allez pas tenter d'en dégoûter les autres.

La prostitution, plus que la chasteté,
En temps de République, a son droit de cité.

LA PRÉSIDENTE.

Citoyen, retirez ces paroles infâmes.
Nous sommes en ces lieux toutes honnêtes femmes.

SATAN, *invisible.*

C'est à moi qu'on le dit!

LA CITOYENNE FOLLENVILLE.

La prostitution
Commençant avec l'homme en toute nation,
Attend l'indépendance au lupanar moderne;
Il va purifier son immonde caverne.
Arrière la police et ses affreux suppôts,
Occupés à parquer les femmes en troupeaux.

VOIX D'HOMME.

Les matrones viendront, bergères orgueilleuses,
Y faire un premier choix dans les brebis galeuses.

LA PRÉSIDENTE, *avec une vraie dignité.*

C'est par trop révoltant. Quand on veut supprimer
Les immondes égouts où se va renfermer
Le mari corrompu loin d'une femme pure,
Vous élevez au cri votre indécent murmure!
Désertez le cloaque et nous le nettoierons.

VOIX D'HOMME.

Vous le purifierez, et nous y reviendrons.

LA CITOYENNE FOLLENVILLE.

Nous voulons élever au rang sacré de l'ange
La professe du vice arrachée à sa fange;
Nous voulons mettre obstacle aux prostitutions...

VOIX D'HOMME.

Non! Vous voulez les mettre en variations?

SATAN, invisible.

Interrupteur maudit! Seul, ceci me regarde.
Qu'il laisse donc parler l'étonnante bavarde.

VOIX D'HOMME.

Il faut la liberté de s'affranchir du bien,
Même d'y revenir : cela ne gêne en rien.

UN HOMME, montant sur une chaise.

Chaque prostituée échappée à l'abîme
Dans une remplaçante a toujours sa victime.
Leur nombre est fatidique. En voulant le frauder
On ne fait que l'accroître et que le féconder.
De la fille qui veut abandonner le vice,
Que la matrone soit très fervente complice;
Mais ne croyez jamais que vos perfections
Soient une panacée aux prostitutions.
Attendez le remords. Souvent la Madeleine,
De son ancien métier regrettant la gangrène,
En prend la nostalgie et retombe aussi bas,
Ou plus bas de beaucoup, qu'en ses premiers sabbats.
A l'homme qui se noie, on doit tendre une perche,
Mais, quand il est noyé, bien stupide qui cherche
A ranimer sa vie, ou plutôt son néant.

(Il descend de sa chaise. Grands applaudissements.)

SATAN, invisible.

Il s'y connaît très bien. J'aime ce mécréant.

LA PRÉSIDENTE.

Vous venez parmi nous, comme parmi des folles,
Outrer l'inconvenance en indignes paroles,
Cessez donc d'interrompre, et sachez écouter?
Les femmes sont ici toutes à respecter.

LA CITOYENNE FOLLENVILLE.

La prostitution doit renverser l'obstacle
Qui la dissimulait dans un sombre habitacle,
Et, grâce aux libertés, sur elle s'abattant,
Devenir inconnue en un jour qu'on attend...

VOIX D'HOMME.

On l'attendra toujours, on l'attendra sous l'orme.
Au contraire bientôt, grâce à votre réforme,
On verra tout Paris vicieux, infecté,
Ulcéré, gangrené, repoussant, empesté;
On verra pulluler la gente créature
l'on aime à trouver une artiste en luxure.

LA PRÉSIDENTE, indignée.

C'est vouloir mettre un terme à notre apostolat.
La parole pour vous semble être un pugilat.
En proie à la terreur, quand notre indépendance
De vos iniquités est la juste vengeance,
Vous voulez conserver à l'homme vicieux
Des jours, des mois, des ans, plus qu'ignominieux.
Écoutez cependant une femme homérique :
Elle surpassera l'héroïne biblique.

SATAN, sous une apparence d'homme.

Judith, la patriote, et se prostitua,
Et, pour punir sa dupe, en homme la tua.
Les femmes par milliers, à l'époque moderne,
Trancheraient à ce prix la tête d'Holopherne.

(Rires scandaleux.)

LA PRÉSIDENTE, avec énergie.

Citoyens, par des mots si pestilencieux,
Vous prouvez à quel point vos droits sont odieux.
Nous n'envions pas ceux qu'on emprunte au vignoble:
Revendiquez-en seuls le privilège ignoble.

(Applaudissements universels.)

LA CITOYENNE MICHEL-ANGE, à la tribune.

Jadis enthousiaste, aujourd'hui de sang-froid,
Malgré moi je palpite à tout larcin d'un droit.
La Religion tombe, et l'Église est muette;
Le Grand peuple est debout, et la Commune guette;
La douleur vers la mère, en démence rampant,
Rentre au calme, les fils au massacre échappant.
De la butte Montmartre aux steppes de Russie,
La Révolution, comme un nouveau Messie.

Au réactionnaire, au faux républicain,
Annonce que le Peuple est enfin souverain;
Du néant il sortit en foudroyante bombe;
Il ne marchera plus à l'horrible hécatombe,
Où furent immolés des milliers d'innocents,
Cadavres sous un tertre, ensevelis sanglants!
Mais nous aurons toujours présente à la mémoire,
Quand nous voudrons frapper, leur délétère gloire.
Nous étions généreux : nous ne le serons plus;
On nous sacrifia, pour la torture élus :
Tant mieux! Comme un drapeau, troué de mille balles,
Ne laisse plus au plomb de libres intervalles,
Quelques coups de fusil, ajoutés aux anciens,
Demeureront sans place au cœur des citoyens.
Plus de guerre civile ou luttes fratricides;
Dégaînons des poignards, j'ose dire splendides,
Des poignards sans pitié, des poignards tout moraux.
Épargnons les soldats, frappons les généraux,
Et surtout un infâme à vouer au supplice,
En châtiment trop doux, en sublime justice,
Un infâme aux bourreaux soustrait perfidement,
Devenu désormais aux vengeurs un aimant.
Que du sang répandu je sois l'avant-courrière,
Je demande à frapper l'ennemi la première.
On nous a destiné la gueule dn canon!
Qu'on me demande grâce, et je répondrai : Non.

(Immenses applaudissements.)

SATAN, invisible.

Chère élève, très bien. — La stupide tirade!
Le beau sexe est à moi. Je mets en mascarade
Modestie et vertus et résignation;
J'arrache enfin la femme à la Religion.

LA CITOYENNE MICHEL-ANGE, reprenant quand le bruit est calmé.

Citoyennes, allons jusqu'à la dictature!
Des vieux ensevelis que la candidature
Soit par nous décrétée aux grandes fonctions;
Portons haut les drapeaux-revendications;

Candidature-idée, et pure, et sociale,
Indestructible, et morte, et juste, et non légale,
Qui, planant implacable en devoir suspendu,
Tombe avec l'idéal sur un individu.
Elle est candidature à la femme victime;
Revendication où la mère est sublime,
La mère élevant l'homme, attaquant en tribun
Le commun esclavage et l'ennemi commun.

(L'assemblée reste ébahie.)

VOIX D'HOMME.

J'offre cent mille francs à qui pourra comprendre.

(Rire universel.)

LA PRÉSIDENTE.

Silence, citoyen! Pourquoi ne pas attendre?

LA VOIX.

Non! non! en m'adressant aux morts les plus polis,
J'irai questionner les vieux ensevelis.

(Nouveaux rires et sifflets.)

LA CITOYENNE MICHEL-ANGE, de plus en plus emphatique.

Des pervers sans éclat la misérable troupe
M'enlève tout émoi. Je suis soldat du groupe
Où par le feu, la mine et la pioche est *fêté*
L'édifice maudit de la société.
D'un avenir prochain s'est ouverte la porte;
La Révolution y passe; elle s'emporte.
Plus d'un martyr succombe. Honneur au combattant;
Salut au grand réveil d'aiglons se révoltant,
Abandonnant leur nid, volant à tire d'aile,
Enfonçant dans la proie une serre cruelle,
Fixant sur le soleil leurs intrépides yeux,
Et planant redoutés en vainqueurs dans les cieux.

(Grands applaudissements.)

SATAN.

Pour un époux bourgeois quelle femme divine!
De l'enfer elle fait brillamment la cuisine.

LA PRÉSIDENTE.

Je lève la séance à ce mot odieux,

VOIX D'HOMME.

C'est simplement le mot d'un de vos envieux.

SATAN, sous l'apparence d'une femme de cinquante ans, monte à la tribune et s'adresse d'abord à la Présidente.

Avant de nous quitter, ô grande citoyenne,
Ma voix doit retentir, ma voix antichrétienne.
Le moment est venu d'être sobre de mots;
Résumons le débat : nous connaissons nos maux.
De l'erreur disparaît jusqu'au dernier vestige,
Et de la vérité dans son noble prestige
S'illustre le cénacle, où contre les tyrans,
Depuis longtemps déjà hurlent vos ouragans.
La femme depuis Ève, en ses devoirs perplexe,
Retrouve enfin ses droits volés par l'autre sexe,
Nous prenons les habits que l'homme s'arrogea...

VOIX D'HOMME.

Eh! ne portez-vous point la culotte déjà?

LA PRÉSIDENTE.

C'est par trop indécent!

VOIX D'HOMME.

Mais c'est tout le contraire!

SATAN, hypocritement.

Laissez donc dévoiler notre profond mystère.
Électrice, éligible, et payant les impôts,
Quand l'homme des enfants surveille les *drapeaux*...

VOIX DE FEMME.

Et nous?

SATAN.

Quand le ménage est pour lui le calvaire,
Quand elle porte haut les *drapeaux* de la guerre,
La femme acquittera tous les tributs du sang...

VOIX DE FEMME.

Mais rien n'est plus certain.

SATAN.

Son courage si franc
Aux combats se verra bien souvent redoutable ;
Les hommes savent tous qu'elle est infatigable...

VOIX DE FEMME.

Pas du tout ! Pas du tout !

SATAN.

Aux supérieurs emplois
On ne lui niera plus d'incontestables droits.
La haute instruction, dont chaque homme s'enivre,
Va bientôt éclairer la femme qui veut vivre.
Soumise, jeune fille, au masculin statut,
Elle ira retrouver dans le même institut,
Le jeune homme...

VOIX DE FEMME.

Oh ! non ! non !

SATAN.

Pourquoi cette panique?
C'est à n'y rien comprendre. Est-ce de la logique?
Songez donc qu'il s'agit, aux jours républicains,
D'élever chaque femme au pinacle des saints.

VOIX DE FEMME.

Pas d'institut commun ! Les garçons sans les filles !

SATAN.

C'est vraiment s'arrêter à d'étranges vétilles !
Je reprends mon discours. Agissons : nous vaincrons.
Au forfait, s'il est juste, en ce jour recourons.
Devons-nous supprimer entièrement les hommes ?

VOIX DE FEMME.

Mais c'est de la folie !

SATAN.

En effet nous leur sommes
Ou plutôt ils nous sont — honte du genre humain ! —
Utiles quelquefois... souvent. Mettons un frein

Au développement de ce sexe perfide.
Quand elle accouchera, que la femme décide,
En gardant chaque fille, à combien de garçons
Elle administrera les plus mortels poisons.

(Rumeur universelle.)

DIVERSES VOIX DE FEMMES.

L'infernale mégère en bavardant se grise
— C'est souiller la tribune ! — On nous ridiculise !

SATAN.

Ma sœur, c'est impossible. Un peu moins de fracas.
On nous accule. Il faut combattre en pareil cas.
Rions des préjugés ! Arrière les scrupules !
Construisons une cage, ou plutôt des cellules,
Où nous enfermerons le sexe masculin,
Où se rendra parfois le sexe féminin...

(Tumulte, cris universels. Satan hausse la voix.)

Que dis-je ? Où très souvent se pressera la foule.

DIVERSES VOIX DE FEMMES.

A bas la scélérate ! A bas l'affreuse goule !
Ce serait des haras.

SATAN.

Avec compartiments.

(Les hommes sifflent, applaudissent ou poussent des huées. Satan disparaît.)

VOIX D'HOMMES.

Les hommes vous vaudront les plus beaux diamants !

DIVERSES VOIX DE FEMMES.

Ne nous insultez pas. — Quelle femme impudique !
L'horrible gourgandine ! — Une fille publique !

SATAN, sous une apparence d'homme.

Ne les aimez-vous pas un peu, même beaucoup,
Passionnément même ! Ah ! c'est de très haut goût.

(L'assemblée se sépare au milieu d'un tapage infernal. Satan redevient invisible.)

Dans leur stupidité très consciencieuses
Elles m'ont amusé. Quel troupeau de farceuses !
Allons voir leurs maris ou leurs anciens amants.
La journée est fertile en avilissements.

SCÈNE II

CONFÉRENCE D'HOMMES

VASTE SALLE REMPLIE D'UNE FOULE IMMENSE

SATAN, sous une apparence d'homme, LE PRÉSIDENT de l'Assemblée, LE CITOYEN GAILLARD, LE CITOYEN INSULSE, LE CITOYEN LIBELLAIRE, LE CITOYEN LENOIR, UN VIEILLARD, LE POÈTE, LE DÉMON SCÉLESTE, UN AUTRE VIEILLARD, LE CITOYEN EXIFIPLAT, VOIX DIVERSES.

Tous les personnages, Satan et les Voix dans la foule exceptés, parlent du ton le plus emphatique et le plus faux.

SATAN.

Me voici dans l'enceinte où se presse la foule.
Sous ses fureurs tant mieux si la salle s'écroule.

LE PRÉSIDENT, à son bureau, ridiculement emphatique.

Citoyens, je préside, ou plutôt j'obéis.
Il me faut par votre ordre illustrer mon pays;
Il me faut des cerveaux à brillante opulence,
A pauvreté modeste, unir l'indépendance.
Je ne suis qu'un atôme étonné, glorieux :
Vous êtes l'univers. Jour trois fois radieux !
Contre l'iniquité, mégère gigantesque,
Nous allons soutenir une lutte dantesque.
Un calme volcanique enthousiasmera
Vos délires secrets, et les exaltera.
Le monde est pantelant. Vos vibrantes poitrines
Battent à l'unisson pour les mêmes doctrines.
Que l'affranchissement des derniers plébéiens
Ressorte d'un congrès d'immenses citoyens.

(Applaudissements.)

LE CITOYEN GAILLARD, à la tribune[1].

Je suis un ouvrier, et sans ruse oratoire,
La nature en moi parle et cherche sa victoire.

Citoyens, empêchons que telle qu'un fétu,
Balayée à tout vent, s'enlève la vertu.
Notre société souffrirait-elle un groupe
Qui ne puisse manger, quand un autre lui coupe
Son herbe sous les pieds, au ratelier son foin,
Et le fait par la faim agoniser au loin?
O patrons! ô repus! nos paroles sont aigres :
Elles devraient tuer. Des gras contre les maigres
Il nous faut soutenir les suprêmes combats :
Combattons nos tyrans, désertons nos grabats.
La victoire douteuse entre le ventre vide,
Et le ventre porteur d'une bedaine avide,
Où la sueur du peuple, effroyable torrent,
S'élance, s'engloutit, se perd en s'engouffrant,
Citoyens, la victoire, avant nous si douteuse,
Aura prochainement une journée heureuse.
L'ouvrier mangera, le patron aura faim.
Satan ne pourra plus vaincre le Séraphin.

(Grands applaudissements.)

UNE VOIX.

Six heures de travail, trois heures de bouteille,
Et trois heures d'amour pour achever la veille,
Et douze heures de lit, un franc tour de cadran!
Maïs c'est le paradis!

SATAN, à part.

Où je règne en tyran.
Quels gredins!

LE CITOYEN GAILLARD.

Citoyens, notre faible salaire
Ne peut nous procurer le simple nécessaire.
Dès le printemps du monde, on demandait en vain
Ce que dans son automne on appelle du pain!
Brevets d'invention et clientèle, usines,
Matière à fabriquer, ustensiles, machines,
Commis, impôts, patente et tous frais généraux,
Écoles de métiers, même d'arts libéraux.

Hôpital, médecins, pharmaciens, remèdes,
Femmes de charité, LAÏQUES, et leurs aides,
Assistance aux blessés, à ces martyrs du gain,
A qui la vapeur laisse un jour sans lendemain,
Vastes orphelinats, salles d'asile, hospices,
Nos légitimes parts d'immondes bénéfices,
Le maître nous les doit : il nous les donnera...
Si le traître refuse, il s'en repentira.

(Grands applaudissements.)

SATAN.

Cela ne va pas mal. Le parfait imbécile
A tous ces paltoquets paraît un homme habile.

LE CITOYEN GAILLARD.

L'ouvrier fournira ses bras, son dévouement,
Et sa dignité d'homme et son rayonnement.
Parmi nous s'exalta le sens du philanthrope.
Dans la jeune Amérique et dans la vieille Europe
L'ASSOCIATION en ses liens sanglants,
Si le traître y surgit, nous réunit tremblants.
Un riche fonds commun, formé par les centimes
Que l'ouvrier apporte en volontaires dîmes,
Que chacun sur sa paye est contraint de donner,
Nous rend à tout jamais libres de dominer
Le monde industriel où nous étions esclaves.
Dans la paix nos deniers en de secrètes caves
S'entassent. Dans la guerre on ouvre les dépôts;
Avec un quart de paye on oblige au repos;
On se serre le ventre; on déclare la grève;
On ne boit plus autant; l'ouvrier se soulève.
Et nous mettons obstacle à l'exploitation
Qu'un homme fait d'un homme; à la réduction,
Comme à l'accroissement, quand on les exagère,
Du juste personnel aux maîtres nécessaire;
Nous modérons beaucoup le nombre d'apprentis,
A chaque industriel, par bonté, départis;
Au sein des ateliers, dans la crainte des traîtres,
Nous nommons, révoquons, nous seuls, les contremaîtres;

Nous ne tolérons pas qu'un farouche patron,
Sans notre assentiment, renvoie un compagnon;
Nous forçons au repos le vieil âge, l'enfance,
Et les femmes surtout; nous supprimons d'urgence
Les travaux de la nuit si souvent meurtriers,
Et nous diminuons ceux des jours ouvriers;
Nous déterminons seuls, de peur qu'on ne les gâche,
Le prix de la journée et celui de la tâche...
Mais que dis-je? La tâche est au jour finissant :
Au profit d'un seul homme elle en affame cent.
Le travail est à tous; chacun a droit de vivre;
A tort de son mérite un travailleur s'enivre,
Et laisse un paresseux, même un vaurien, à jeun.
A l'État social, comme au père commun,
Ce mérite appartient. — Un dernier point réclame
Un gigantesque effort : le capital infâme,
Pour être purifié, chez nous, pauvres fourmis,
Doit être promptement, et de force, remis.

(Immenses applaudissements.)

SATAN.

Que de stupidités! Ce misérable insecte,
Inspiré par l'Enfer, de noir venin infecte
Les drôles enrôlés sous mon fécond drapeau.
Le chien le plus galeux mènerait leur troupeau.

LE PRÉSIDENT, toujours emphatique.

D'un notable ouvrier la parole naïve,
Citoyens, a tenu votre oreille attentive.
Devant vous se dressant, un noble audacieux
Va verser les clartés d'un flambeau radieux.
La Révolution et Paris la grand'ville
Dans un pur dithyrambe auront leur évangile,
Et de Popilius le cercle retracé
Par aucun d'entre nous ne sera dépassé.

LE CITOYEN INSULSE.

Le genre humain jadis avait perdu ses titres.
Entre les Rois et nous il n'était point d'arbitres.
Le Peuple, citoyens, est-il fait pour les Rois?
Les Rois sont faits pour nous; ils nous volent nos droits.

Pour les reconquérir, l'audace, encor l'audace,
Et l'audace toujours frappe les Rois, les chasse.
Ils sont grands, et pourquoi? Nous sommes à genoux!
Les hommes sont égaux et tous rois : levons-nous!...
— Les temps se succédaient : les plus grands philosophes
Préparaient en riant d'heureuses catastrophes,
Et de quatre-vingt-neuf amenaient les combats
Qui jetèrent le trône et les autels à bas.
La Révolution, superbe vagabonde,
De clocher en clocher a fait le tour du monde;
Elle creusa partout des sillons lumineux :
Elle y marcha parfois d'un pas vertigineux...
La Révolution, des immortels principes,
Citoyens, découvrit, créa les prototypes :
La vertu des Français s'y démocratisa,
Et leur vice en fureur s'aristocratisa...
La Révolution a dit : Paix aux chaumières,
Guerre à tous les châteaux, même aux gentilhommières,
Guerre aux biens du clergé, guerre aux fonds de l'État,
Guerre aux lois, guerre aux rois : appel à l'attentat...
La Révolution, à regret furibonde,
Au moindre abus jeta la pierre de sa fronde;
Pour arriver à l'ordre encore mal atteint,
Du désordre elle fit le devoir le plus saint...

UNE VOIX.

La Révolution dans votre auguste bouche,
Citoyen, fait l'effet de la plus froide douche.

(Rumeur universelle)

SATAN

Expulsez l'insulteur, le railleur odieux.

(Au citoyen Insulse :)

Continuez pour nous, homme prodigieux.

LE CITOYEN INSULSE

Paris est du progrès l'éphèse grandiose,
Où la philosophie a son apothéose,
Le La Mecke propice à toute liberté,
Et la Rome planant sur notre humanité.

Farceur de liberté, masque de République,
Déguisant son espoir écœurant, tyrannique,
Cartouche, gueux, des morts violant le secret,
Pirate redoutable et pourtant dameret,
Pique-assiette effronté, don Quichotte en baudruche...
Et des lecteurs ainsi je suis la coqueluche;
Mais je reste candide. Aux femmes m'adressant,
Cependant, malgré moi, je suis peu caressant;
« Périsse l'univers pourvu que je *flagelle!* »
Il faut qu'en mes lazzis je brille, j'étincelle.
Phryné de chrysocale et bacchante, accordant
Ce que pour l'ordinaire on cache en le perdant :
Bah! *asinus fricat asinam* ou matrone,
Même celle qu'on peut admirer sur le trône,
En sale dulcinée. Il me faut déjouer
Le sexe féminin, il faut le bafouer,
Malgré ses cris de paon, alors que je l'écharpe...

SATAN, sous une apparence d'homme.

En faisant au tremplin un de vos sauts de carpe.

(Rires, cris et sifflets.)

(Bas.)

L'ai-je bien inspiré! Quel pauvre garnement!

UNE VOIX.

Que l'orateur finisse : il devient écumant.

UNE VOIX.

« Des chevaliers français tel est le caractère. »

LE CITOYEN LIBELLAIRE, perdant la tête.

Qui donc anéantit l'éloge pestifère?
Qui donc a combattu, comme un pur champion,
Par l'insulte, l'injure et la délation?
« Moi seul, et c'est assez. » J'ai prouvé que la presse,
Lorsque nul règlement, nulle loi ne l'oppresse,
Pour le salut public, sans l'ombre de dégoût,
Peut remuer la fange au plus profond égout,
User de l'épithète à sa plus forte dose,
Et déclarer prouvé tout le mal qu'on suppose.

UNE VOIX.

L'orateur est vraiment un mouton enragé,
Qu'il finisse! Son fiel doit être dégorgé.

(Le citoyen Libellaire quitte la tribune.)

LE PRÉSIDENT.

Citoyens, en ce jour béni par la fortune,
Un grand homme apparaît à notre humble tribune.
Du pôle sur la terre il est l'Aldébaran,
Des apôtres du bien il est un vétéran.
Il devint dans la France une idéale idole;
Il va vous prodiguer sa magique parole.

LE CITOYEN LENOIR.

Le serment solennel mille fois répété,
Le serment d'Annibal, à la société
Je l'ai fait devant Dieu, devant ma conscience.
Et je m'en souviendrai quand, au jour de vengeance,
On viendra m'implorer pour régler tous les droits
D'une société dont sonnent les abois.
Je n'oublierai jamais qu'en son cénacle inique
Je fus enfant du peuple à courroux flegmatique,
Un des plus malheureux, que le haineux destin
Ait réduit à monter sur le MONT AVENTIN.
Nous sommes arrivés à ces heures fatales,
Où vont se niveler les couches sociales;
Nous transformons la France en un Eldorado.
La faim de la Méduse a hanté le radeau...
Dix jours. Mais, dix mille ans sa torture effroyable,
Des affamés hanta la funéraire table.
Du grand Démiourgos restaurons les travaux :
L'Éternité réclame : elle en veut de nouveaux.
Le passé se résigne et l'avenir murmure,
Et le présent vaincu déjà se transfigure,
Et LA PROPRIÉTÉ C'EST LE VOL!

(Grands applaudissements.)

SATAN.

Oh! très beau!
Elle est de la morale un trop certain tombeau.

LE CITOYEN LENOIR.

L'ouvrier par l'épargne est traître envers ses frères;
Il accourt au-devant des trésors adultères.

Le capital privé, grandissant sou par sou,
N'est que l'entassement des hontes d'un filou.

(Applaudissements.)

SATAN.

Grand homme, illuminez notre étrange ignorance!

LE CITOYEN LENOIR.

Dans notre propagande encore en son enfance,
Deux mots brillent surtout : *compelle intrare* :
Ils résument ensemble un programme sacré,
« Que la lumière soit. » A nous seuls de résoudre
La sombre question qui nous poursuit en foudre,
Et couve l'avenir de la société.
Sans relâche employant la solidarité,
Combinée et mêlée à l'industrialisme,
Fondant, grâce à l'épargne, un capital, ce schisme,
Par l'entrecroisement de tous les intérêts,
Nous l'émietterons dans les peuples sans frais.
Nous bornerons l'essor de toute concurrence,
Et par le despotisme, imposant l'abondance,
Nous lui ferons produire au monde émerveillé
Tous les biens dont le crime est dès longtemps souillé.

UNE VOIX FORTE, parlant très rapidement.

(Un murmure croissant éclate dans la salle.)

Le Babouvisme alors et le Collectivisme,
Amenant le Civisme au sein du Communisme,
L'Individualisme en plein Mutuellisme,
En plein Carbonarisme, en plein Socialisme
Avec le Despotisme en Républicanisme,
Avec le Terrorisme et le Naturalisme...

(Explosion générale.)

SATAN.

Jetez vite à la porte un pareil garnement!
Souffletez-le d'abord, mais vigoureusement,
Il nous caricature, il nous berne, il nous raille,
Il nous ridiculise.

(L'interrupteur est chassé. Un instant après, il se présente à une porte et crie:)

LA VOIX.

Oh! l'absurde canaille!

L'interrupteur se sauve. Fureur dans l'assemblée.)

SATAN.

Il vous faut l'écharper! Pour lui point de pardon!

LE CITOYEN LENOIR, *majestueusement.*

Citoyens, épargnez l'insensé myrmidon.

(*Il reprend son discours.*)

En mettant en commun des trésors honorables,
Mais dans la main du riche à jamais méprisables,
Nous saurons lui sauver tout stérile dégoût.
Nous lui prendrons l'immeuble et le meuble partout,
Sans oublier son or. Mille fonctionnaires,
Liquidateurs jurés, arbitres temporaires,
Des richesses enfin au populaire à jeun
Donneront une part égale pour chacun.
De l'éducation le complet équilibre
Augmentera le clan où marche un Français libre.
Grâce à tous les progrès que le siècle rêva,
Nous transfigurerons l'œuvre de Jéhovah.

UNE VOIX.

Et bien supérieurs à l'antique Procuste,
Apprenti radical, notre œuvre sera juste :
Nous égaliserons les corps après l'esprit.

(*Cris de colère, rires dans l'assemblée. L'interrupteur se sauve.*)

LE CITOYEN LENOIR, *indigné.*

Je quitte la tribune, humilié, proscrit...

LE PRÉSIDENT, *toujours emphatique.*

Orateur colossal, grand homme gigantesque,
Dédaignez un pygmée!

UNE VOIX.

Un nain funambulesque!

UNE AUTRE VOIX.

Un insulteur gagé!

LE PRÉSIDENT.

Le lâche s'est enfui.

(*A l'orateur :*)

Pitié pour nous! Domptez votre indomptable ennui

LE CITOYEN LENOIR, reprenant son discours.

Dès ce jour, commençant nos bénignes réformes
Par celles qui semblaient ridicules, énormes,
Nous allons accorder toutes les libertés;
Nous allons supprimer mille pénalités,
Mille précautions autrefois légitimes,
Stériles aujourd'hui; NOUS PROSCRIRONS LES CRIMES!!
Pour contraindre aux vertus, en dernier châtiment,
J'ai découvert, moi seul, l'argument-diamant.
Le pervers indécis, sobre encore d'audace,
Gardera l'innocence à la simple menace,
Au péril de son nom cloué sur un poteau,
Cloué publiquement à grands coups de marteau.
— Et pourtant l'Envieux me traite d'utopiste!
Comme le vieux molosse acharné sur sa piste,
Apôtre méconnu dès mes plus jeunes ans,
J'ai combattu l'abus et ses vils partisans.
Cassandre prononça jadis de vrais oracles :
Moi, Cassandre moderne, affamé des miracles,
Que la Liberté jointe à la Fraternité
Engendre chaque jour avec l'Égalité,
J'ai prédit clairement l'hyperbolique époque,
Où va se dissiper la dernière équivoque,
Où l'homme délaissant la vieille passion
Montera sans effort à la perfection.

(Applaudissements faibles.)

VOIX DIVERSES.

Démiourgos, Cassandre, Eldorado, Procuste,
Méduse, Aventin, qu'est-ce? Ah! ça me tarabuste.
— C'est peut-être très beau. — C'est pour sûr ennuyeux.

UNE AUTRE VOIX.

Eh! la propriété, c'est le vol! Oh! tant mieux!

SATAN.

Il est par trop plaisant, cet antique bonhomme;
Mais il est sans pitié. Vraiment il les assomme.
D'impossibilités il tient assortiment,
Et met à l'augmenter par trop d'acharnement.

(Il jette un regard sur l'assemblée.)

Ils dorment! Blasphémons! Le feu vite à la poudre!

(Sous une forme humaine, il monte à la tribune sans autorisation.)

Lorsque du Paradis le jardinier à foudre
Mit à la porte Adam, très obscur jardinier,
Avec Ève, Adam fut certes peu rancunier.

(Rumeur universelle.)

Armé de son épée et nue et flamboyante,
Un ange en faction apparut, sycophante
Qui put seul empêcher le retour des bannis.
Cet ange est le patron des policiers bénits.

(Rumeur beaucoup plus grande, rires, cris, sifflets.)

UNE VOIX.

Mais a-t-on vu jamais pareille impertinence?
Serait-ce une gageure?

UNE AUTRE VOIX.

Est-ce un cas de démence?

SATAN.

Caïn n'eut pas tué son frère infortuné,
Si la police alors eût bien fonctionné...

(Nouvelle rumeur.)

LE PRÉSIDENT.

Oseriez-vous railler!

SATAN, feignant l'innocence.

Je vous cite la Bible.

(Bas.)

C'est de l'Histoire sainte. Oui, passée à mon crible.

(Haut.) (Le vacarme redouble.)

Je suis un catholique et même un puritain.
J'apporte la lumière au monde ultramontain.
Je livre mes combats à l'infamie humaine.
Sur elle avec amour vous déchaînez la haine;

A la vaincre un seul jour, comme tous vos aïeux,
Vous serez impuissants. Ouvrez, ouvrez les yeux.
Voyez jusqu'à quel point les procédés antiques
Furent vains, même au temps des vieilles républiques.
En faisant aujourd'hui ce qu'on ne fit jamais,
On verra des vertus franchir les hauts sommets.
Que tous les châtiments, tous, se métamorphosent.
Contraria, dit-on, *contrariis* s'opposent.
Ouvrez vite et cachots, et bagnes, et prisons;
De leur sièges chassez les magistrats félons;
Supprimez des soldats les hordes qu'on redoute;
Faites pour la patrie une ample banqueroute,
Et dépouillez d'abord un clergé détesté :
Empêchez qu'il ne nuise avec la charité;
Détruisez les couvents; détruisez les églises;
Rendez à la charrue un terrain de sottises;
Forcez à la lecture un peuple étudiant;
Forcez à la richesse un peuple mendiant;
Forcez à l'écriture un peuple de bohêmes;
Forcez à l'abondance un peuple de carêmes;
Forcez aux grands calculs un peuple d'Iroquois;
Forcez aux saints devoirs un peuple de grivois...

(Les murmures qui ont toujours été croissant, et qui ont été dominés par la voix de Satan, éclatent irrésistibles.)

VOIX DIVERSES.

Moquerie insolente! — Infernal bavardage!

AUTRE VOIX.

Président, avisez! L'orateur nous outrage.

AUTRE VOIX.

Chassez de la tribune un pareil malotru!

(Satan redevient invisible.)

LE PRÉSIDENT, avec morgue.

Je connais mon devoir : le drôle a disparu.

UN VIEILLARD, ouvrier.

(Il monte à la tribune.)

Sans avoir fait d'étude et sans être un grand aigle,
Je vois dans notre monde une implacable règle.

L'infiniment petit et l'infiniment grand,
Sans se transfigurer, gardent toujours le rang
Invisible, impalpable, énorme, immonde, insigne,
Humble, insignifiant, que le Ciel leur assigne.
Dès longtemps, vos flatteurs, en grossissant leur voix,
En voulant aux devoirs substituer les droits,
Vous poussent, vrais pervers, à la lutte stérile;
Ils prêchent, sans y croire, un stupide évangile,
Disciples par la foi de l'infernal Satan,
Du Prince des démons, du monstrueux Titan,
Qui sur nous, pauvres nains, incessamment chevauche,
Et de son règne accroît l'effroyable débauche...

VOIX DIVERSES,

Quel ennemi du Peuple! A bas cet insensé!
— Il souille la tribune! — Oh! le vieux crustacé!

(Le vieillard quitte la tribune et sort précipitamment.)

SATAN, invisible.

Il veut apprivoiser ce peuple bête-fauve!
Triple sot! Triple fat! Mais tant mieux, s'il se sauve:
On pourrait l'écharper. Je ne peux rien sur lui;
L'imbécile est honnête... au moins pour aujourd'hui.

LE PRÉSIDENT.

L'homme cyclopéen, le lyrique colosse,
Le sublime inventeur du divin sacerdoce,
Qu'il a pour tout poète autrefois exalté,
Apparaît! A genoux, il doit être écouté.

LE POÈTE, à la tribune

Citoyens, le jour luit où, des astres avide,
La pyramide veut jeter sa base au vide;
Elle aspire à monter, à changer son sommet:
L'impossible vaincu, malgré lui, le promet.
L'univers souffrant touche à sa métempsycose:
Tout est rien; rien est tout; l'effet est sans la cause.
En l'an quatre-vingt-neuf, la Révolution
A presque terminé son évolution.

Loin de nous est déjà l'humide pluviôse;
Frimaire est commencé; l'époque est grandiose.
Hélas! on m'amoindrit par l'admiration :
J'en repousse aujourd'hui la demi-ration,
Et je ris du critique ou pacha pédantesque.
Croyant que pas un vers ne m'échappait dantesque.
Si le grand écrivain qu'on tente ment souvent,
Du marin j'ai le beau contentement, sous vent,
Aussitôt qu'il peut voir des nochers la merveille,
Et qu'il peut voir comment aux rochers la mer veille,
— Je suis du jour futur le poète naissant;
Je suis le fossoyeur du jour disparaissant,
Et des siècles vieillis qui sans trêve suèrent
L'épouvantable horreur dont ils nous polluèrent.
L'abîme est insondable, et le vide est béant;
Le néant m'interpelle : il en sort un géant;
Je semble un âne, une oie, et monte au Capitole,
Et rentre à l'écurie où je trouve un Pactole.
Du vieil Éden, à moi, l'austère, elle tient lieu.
J'y mords profondément l'Académie et Dieu.
De livres, par milliers, je puis citer le titre :
Je les sais tous par cœur. En souverain arbitre,
Je fixe leur valeur; ennemi du pamphlet,
Des auteurs j'ai formé l'idéal chapelet.
Mais, en le dévidant, au dégoût je succombe,
Et ne puis le dompter qu'en frappant dans leur tombe
Les prétendus penseurs, vus sous leurs vils aspects :
De l'homme n'ont-ils pas avili les respects?
Vossius, Scaliger, Flaccus, Philon, Ovide,
Salian, Duverdier, Luther, Vertot, Sosibe,
Cordus, Dangeau, Saint Paul, Bezout, Niebuhr, Platon,
Patru, Fleury, Chompré, Naigeon, Pétau, Newton,
Macrobe, Pelletier, Nicole, Boileau, Pline,
Senèoue Curbitus, Suard, Sanchez, Racine,
Rancé, d'Argens, Polybe, Esope, Chapelain,
Erasme, Bossuet, Ambroise, Paschalin,
D'Holbach, Gérard, Trublet, Loriquet, Calchondyle,
Parny, Dorat, Cecchi, Levera, Théophile,
Virgile, Orphée, Amos, Loyola, Fénelon,
Lycurgue, Patouillet, Pyrrhon, Locke, Solon...

UNE VOIX.

C'est se moquer de nous, c'est par trop ridicule!

LE POÈTE, indigné.

Et je n'ai pas nommé le fameux Raymond Lulle,
Zoïle, Paul Louis, Nimphidore, Strabon,
Philothéos, Fléchier, Moïse, Casaubon,
Juste Lipse, Cramaud, Spinosa, Théetête,
Ronsard, Batteux, Syphron, Lactance, Biscornette,
Barnum, Gerson, Brunoy, Walinge, Windelin,
Tudesche, Ammirato, Diderot, Karasmin,
Polymorphus, Larcher, Abundius, Laplace,
Balœus, Surius, Suidas, Goar, Ignace,
Arius, Condillac, Pitscœus, Euctémon,
Ennapius, Pascal, Dom Calmet, Saint-Simon,
Guttemberg, Alciat, Mahomet, Chrysostôme,
Sergius, Apulée, Eraste, Euler, Jérôme...

(Rires et sifflets.)

UNE VOIX.

Il divague à coup sûr. Grand poète autrefois,
Il n'est plus aujourd'hui qu'un rimeur aux abois.

LE POÈTE, de plus en plus exalté jusqu'à la fin.

Montaigne, Beaumarchais, Thegan, Gennabe, Eusèbe,
Euloge, Arnobius, Saint-Evremont, Turnèbe,
Photius, Architas, Blastus, Félibien,
Onofrius, Rousseau, d'Ailly, Tertullien,
Agrippa d'Aubigné, Mesmer, Fournier, Sostrate,
Galilée, Hérodote, Épicure, Socrate,
Mœvius, Charles-neuf, Eschyle, Calepin,
Archimède, Kepler, Mariana, Papin,
Hildebrand, Escobar, Marc-Aurèle, Molière,
Flamel, Colomb, Cluvier, La Fontaine, Cubière,
Dracon, Machiavel, Cardan, Campanella,
Shakspeare, Mezerai, Restif, Zarabella...

VOIX DIVERSES.

Il a gagné sa place au temple de *Mémoire!*
— Grand triomphe pour lui! — Pour nous, affreux déboire!

LE POÈTE.

Jordano Bruno, Watt, Linnée, Hoffmann, Fulton,
Harvey, Deleuze, Herder, Babeuf, Vadé, Caton,
Melchior-Adam, Swift, Sabbathius, Garasse,
Barleycourt Hugo, Penn, Cujas, Tacite, Horace,
Xenarchus, Pellagrue, Alde, Jove, Photin,
Dom Poirier, Timothée, Irénée, Augustin,
De Maistre, Josué, Batiras, Éleuthère,
Saint Thomas d'Aquin, Job, Sigonius, Voltaire,
Flandrin, Esoptius, Paschale, Blancarpin,
Symmachus, Massillon, Alirune, Hevelpin,
Sosiclès, Torniel, Hodierna, Catane,
Gretzer, Coger, Psellus, Pouranas, Théophane...

VOIX DIVERSES.

« Vieillard stupide », assez! Sur nous il a soufflé
Tout le vent qu'en son outre il avait refoulé.

LE POÈTE.

Bonald, Pitou, Trigaud, Sirmond, Tordus, Nonotte,
Dioscoride, Ughel, Sylvius, Aristote,
Tiraboschi, Glycas, Charron, Sieyès, Calvin,
Ibas, Onésidème, Accurse, Possevin,
Bollandus, Akibas, Alcuin, Lycosthène,
Dasipodius, Dante, Ennopius, Cedrène,
Chiffletius, Godeau, Molaribus, Reuchlin,
Zonare, Bzovius, Isengrin, Ancelin,
Siffret, Thalès, Manès, Gall, Jean le Troglodyte,
Davila, Boctoner, Jousse, Antoine Studite,
Sacrobosco, Pibrac, Paz, Granallachs, Maugras,
Grimm, Kant, Kind, Krantz, Knox, Scott, Luc, Wordsworth,
[Carpocras.

(Les rires et les sifflets redoublent.)

UNE VOIX.

Mais de tous ces auteurs, pour la plupart indignes,
Combien jusqu'à ce jour avez-vous lu de lignes?

LE POÈTE, majestueusement.

J'ai tout lu.

UNE VOIX.

Dans ce cas, comme longévité,
Pour vous Mathusalem n'est qu'un enfant gâté.
Tous ces noms, à noircir une ou deux pages blanches,
Viennent fondre sur nous comme des avalanches.
(Nouveaux rires et sifflets.)

LE POÈTE, avec un profond dédain.

Vos quolibets jamais, à défaut de courroux,
N'atteindront au mépris que je verse sur vous.
(Il reprend son discours.)
Tremblant de naufrager dans l'Océan de l'ancre,
De la miséricorde enfin je jette l'ancre!

UNE VOIX.

La démence est complète.

LE POÈTE, s'exaltant de plus en plus.

Oh! malheureux bourgeois,
Tremblez de redescendre au rang des villageois!
A force de lyrisme en un vers satanique,
Une banalité devient sur-titanique.
Laissez-moi donc finir un discours-monument,
Où des siècles futurs je suis un instrument.
Et pourtant je reste humble. Ancien enfant sublime,
A mes ans je résiste en jeune cacochyme.
Dans ma course au clocher sur la cime des monts,
Ma chute est impossible : à moi sont les démons.
(Il est frappé d'une hallucination subite.)
— Dieu! Ciel bleu! Jéhovah! Effroyable est ma coulpe!
Sous ses cinq cents suçoirs suçant sans sens, un poulpe
Paraît!
(Il se remet un peu.)
De mon esprit l'évanouissement
En redoubla toujours l'épanouissement...
Quand du vieux Diogène a brillé la lanterne,
Moi, la flamme, on me traite en Attila lent, terne!
Me faudra-t-il gravir un Carmel odieux?
(Il se remet complètement.)
Non! reprenons nos chants les plus mélodieux,

— Le monde est de l'enfer comme un onzième cercle,
La cuve dont toujours est scellé le couvercle.
Nous y sommes tombés; nous y bouillonnerons;
Mais, farouche destin, nous t'embâillonnerons.
Hommes, peuples divers, nous formons un seul groupe;
Au nord, au nord la proue! Au sud, au sud la poupe!
Oui! Cham arrête Sem par son énormité,
Flamboyant tropical en sa difformité,
Et la mer Nagaïn, à la vague insensible,
Dans l'horreur absolue est irrépréhensible.
Le despotisme dit : Je veux tout, je prends tout,
J'ai tout! Et par devoir l'obstacle dit : Debout!
Prenez vite la terre... à qui? Mais à personne...
Au Tout-Puissant qui l'offre, et jamais ne rançonne.
Toujours il la refuse aux armes, au combat,
Aux conquêtes... horreurs de l'infernal sabbat.
Il la donne au sillon, amenant le négoce,
A la fraternité, merveilleux sacerdoce.
L'esprit divin toujours s'affirme dans la paix,
Toujours l'esprit humain, même le plus épais,
S'affirme en liberté. Repoussez les scandales;
Résolvez d'un seul coup les choses sociales,
Plus de chef dans l'État : le moins pervers vous nuit;
Il change le soleil en un excès de nuit.
L'ouragan a hurlé. Changez les prolétaires,
Ces parias du luxe, en bons propriétaires :
D'un noir on fait un blanc; de sa teinte on l'absout.
Qu'importe la couleur. Le nègre s'y résout.
— L'étoile dans l'éther, l'étoile est inodore,
Et lance le parfum aux astres qu'elle dore.
La planète est puante, et son abjection
Dans les cieux vient prouver une imperfection.
L'étoile dans l'éther est au travail superbe.
Citoyens, un insecte est au travail dans l'herbe.
L'immensité tous deux les sépare et les joint :
Les yeux haussés, baissés ne les distinguent point.
Au fini, l'infini n'est jamais léthifère;
La force universelle à l'homme est atmosphère;
Il la subit de corps, il la subit d'esprit.
Mais tout est l'infini : rien ne le circonscrit.

Le fait vrai nous dilate, et le fait faux bâillonne,
Et le fait grand flamboie, et le fait beau rayonne.
Le travail est la vie; une immense clarté
Illumine un Voyant, des humains écarté.

(Grands applaudissements.)

VOIX DIVERSES, dans l'assemblée.

As-tu compris? — Et toi? — C'est beau! c'est magnifique!
— Mais c'est du baragouin! — C'est apocalyptique.
— Quel galimatias! — Des applaudissements!
— Il sort de Charenton. — Dieu! quels redoublements!

LE POÈTE, reprenant son discours.

Vive la République une et non divisible!
Que de la liberté le droit partout visible
Succède à l'esclavage, où des hommes-Caïns
Retiennent sous le joug des hommes-Chérubins.

UNE VOIX.

Mais vous avez jadis prétendu le contraire?

LE POÈTE.

Mais des convictions j'apprenais le mystère;
« *Mais* j'avais quarante ans quand cela m'arriva. »

UNE VOIX.

Et vous chantiez le Diable au nom de Jéhovah.

LE POÈTE.

Fi! Cent fois. Sortez donc, enfant, de votre lange.
« L'homme absurde est celui *que* jamais *rien* ne change. »
Je ne changerai plus.

UNE VOIX.

Vous promettez en vain,
Ivrogne de serment, comme d'autres de vin.

(Cris, rumeur universel.)

SATAN, pendant le vacarme.

S'il n'était pas si fou, je dirais qu'il est bête;
Il perdit, grâce à moi, complètement la tête.

Ce féal de l'enfer dans le ciel avait pris
Un trésor dont il reste à peine les débris,
Talent, distinction, très grande intelligence,
Religion, vertus... petite conscience :
Je lui gardais l'orgueil. Grâce à son esprit faux,
En vices je changeai plus d'un de ses défauts.

LE PRÉSIDENT, de plus en plus emphatique.

A la tribune monte un véritable augure,

SATAN, à part, en haussant les épaules.

Un diable !

LE PRÉSIDENT.

un mécréant à superbe envergure,

SATAN, de même.

Un diable ! un diable ! un diable !

LE PRÉSIDENT.

à terribles élans.
Il va nous inonder de jets étincelants.

SATAN, de même.

Parbleu !

LE DÉMON SCÉLESTE, sous une apparence d'homme.

Livres d'impie, ample Bibliothèque
Tuant Rome surtout, Jérusalem, La Mecque,
L'Inde, la Chine, horreurs ! mères des scélérats,
Qui des Religions sont les vils magistrats,
Je me courbe à genoux sous vos pages illustres !
Sans vouloir remonter jusques aux temps lacustres,
Ni même à ce déluge, appât empoisonné,
Appât de perfidie et d'infamie orné,
Que la Religion avec les géologues
Jette aux sots trop nombreux, comme proie à des dogues,

(Murmures.)

Jusqu'au seizième siècle, au siècle révolté,
« Je marche dans ma force et dans ma liberté. »

Toute religion est une gourgandine,
Portant dans l'Univers l'infection divine.

(Grande rumeur.)

La nôtre nous créa d'épouvantables maux.
Elle nous a traités en abjects animaux,
Mystification la plus audacieuse
Qui jamais dégrada notre race peureuse.
Elle osa trafiquer de l'immortalité!
Elle osa tarifer la fausse éternité!
Elle y mettait un prix que la crédule tourbe
Ne pouvait sans péril refuser à sa fourbe.
La Religion veut perdre le genre humain.
Mais l'immortel néant est enfin souverain.
Dieu, c'est le mal. Vaincu, devant l'homme il recule;
Sur la société, lasse de ridicule,
Son pouvoir va cesser. Le faux enfer sema;
Le faux Dieu moissonna; l'homme vrai blasphéma.
Fi! monsieur Dieu le fils! fi! madame la Vierge!
Aux sept péchés mortels brûlons chacun un cierge :
Buvons à leur santé. Vive le bon Judas,
Qui pour trente deniers, sans qu'on le marchandât,
A vendu Jésus-Christ! L'affreux christianisme
Sous nos coups agonise, avant son cataclysme.
Il entraîne avec lui le prétendu SATAN.
Il est mort aujourd'hui, comme est mort le GRAND PAN.

(Explosion de murmures, cris d'indignation.)

Nous allons obéir aux lois de la nature,
Pareils aux animaux, mais de race plus pure,
Inférieurs pourtant par nos faibles instincts.
La Raison ne pourra nous en rendre distincts :
Le peu que nous étions avant notre naissance,
Le tombeau le recouvre avec indifférence.
Jouissons! L'heure coule! En bêtes nous vivons,
Après la jouissance, en bêtes nous mourrons.

(Nouveaux murmures.)

« Les prêtres ne sont pas ce qu'un vain peuple pense
« Notre crédulité fait toute leur science. »
Ces vers de l'avenir, ces vers diamantés
De nos jours doivent être encore répétés.

Nouveaux MARCHANDS DU TEMPLE, à commerce interlope,
Exploitant l'Univers et surtout notre Europe,
Bien loin d'être chassés, sous leur grotesque habit,
De la Religion ils ont fait un débit.
Ils veulent le pouvoir. Le prêtre est un despote;
Il courbe sous son joug chaque femme dévote,
Et par sa perfidie aux hommes il parvient :
Sous d'invincibles rets en dupes il les tient;
La trahison le suit; l'épouse la meilleure
Lui vendra son mari dans une infernale heure,
Lui vendra sa famille... et même son enfant,
Pour la vie éternelle au besoin l'étouffant!

(Murmures universels.)

Le prêtre européen, au front, au cœur de bronze,
Ne trouvait qu'en Asie un vrai rival : le bonze.
Aux temps anciens, dressant un bûcher consacré,
Il était l'assassin véritable, attitré,
Et le profanateur de toute conscience :
De la fourbe il avait la funeste science.
Ce monstre à l'univers imposant son bâillon,
Inventait le miracle à coups de goupillon.
Les vieux persécuteurs, sous leurs sombres cagoules,
Sont dans notre Occident d'orientales goules
Dévorant le fidèle avec d'affreux souris,
Dans l'Inde dévorant les cadavres pourris.
D'un nouveau deux-septembre acceptant le massacre,
Il faudra par le fer que leur troupeau se sacre.

(Les murmures redoublent.)

VOIX DIVERSES.

Oh! quel mangeur de prêtre! — Et de ses paroissiens!

LE PRÉSIDENT, après avoir fortement secoué sa sonnette,

A tort vous protestez. Écoutez, citoyens!

LE DÉMON SCÉLESTE.

Mais nous n'avons encor qu'effleuré l'immondice :
Descendons à l'égout, aux sentines du vice.
— Cafard, frappart, frocard, penaille, penaillon,
Monacaille, moinaille et moine et moinillon,

Tous les religieux, qui passent pour sublimes,
En feignant de prier, se vautrent dans les crimes,
Dans l'immonde luxure et les viols nombreux
Qu'enfante l'alcool aux jours trop liquoreux...

(L'assemblée se révolte.)

SATAN.

(A part.) (Haut.)

Superbe calomnie! Horreur épouvantable!
Quels monstres enragés! Quelle race exécrable!

UNE VOIX

Les Frères ont reçu dans leurs réduits chrétiens
Mes trois fils qui feront d'excellents citoyens.

SATAN.

Taisez-vous, pauvre dupe, étonnant gobe-mouche!

UNE VOIX.

Silence à l'orateur, qu'on lui ferme la bouche!

AUTRE VOIX.

Mes enfants, élevés par les Dominicains,
N'ont jamais vu dans eux que d'admirables saints.

SATAN.

Quels ignobles chenils! Quelles capucinières!
Il faudra couronner vos fils comme rosières.

LE DÉMON SCÉLESTE.

Au fond des hôpitaux, chaque jour nous bravant.
Les Sœurs de Charité sont un danger vivant.

(Les rires se mêlent aux murmures.)

Par leurs soins gratuits prodigués aux malades,
Par la création d'écoles rétrogrades,
Elles ôtent le pain à des femmes de choix,
Dont la LAÏCITÉ payait tous les emplois.
Maintenant, citoyens — pardon si je m'enflamme —
Je dénonce un forfait, de tous le plus infâme :
Dans leurs sombres couvents respectés des dévots,
La foi ne sème pas seulement ses pavots :

Les Sœurs de Charité, célestes créatures,
Rejettent en dansant leur hostie aux ordures...
J'en suis trop sûr, hélas! je l'ai vu de mes yeux.

(L'assemblée entière se soulève furieuse.)

VOIX DIVERSES.

Invention d'enfer! — Chassez-le de ces lieux!

LE PRÉSIDENT, agitant sa sonnette.

Silence! citoyens! On ne chasse personne.
Tant mieux si l'orateur à ce point vous étonne.

LE DÉMON SCÉLESTE.

Traîtresses à leurs vœux, ces filles de rebut,
Toutes allègrement acquittent le tribut,
Sous leur blanche cornette, après leur patenôtre,
Que leur sexe avili devra toujours au nôtre...

(La fureur se change en rage.)

VOIX DIVERSES.

Mensonge sacrilège! — A bas l'affreux bandit!
— Blasphème de Satan! — Parole de maudit!

(Tumulte épouvantable. Une foule d'auditeurs se porte à la tribune et en précipite le démon Scéleste qui disparaît.)

LE PRÉSIDENT, qui a brisé sa sonnette à force de l'agiter.

Citoyens, calmez-vous. Déplorable scandale!
Offense aux libertés! Viol de la morale!
A de pareils excès comment s'est-on livré?
Quoi qu'il puisse avoir dit, l'orateur est sacré.
Je quitte le bureau : je ne suis plus utile.

VOIX TRÈS NOMBREUSES.

Le bandit est chassé; gardez l'âme virile.

SATAN.

Le bandit a raison.

(Le tumulte augmente.)

PREMIÈRES VOIX.

Taisez-vous, taisez-vous!
C'est à mettre en fureur l'auditeur le plus doux.

(Après un intervalle assez long, le calme se rétablit.)

LE PRÉSIDENT, remonté à son bureau.

Maintenant, citoyens, écoutez en silence
Un grand vieillard qui croit vous prouver l'évidence.
Gardez-vous de tomber dans des excès nouveaux.

SATAN, invisible.

Il veut du sens commun dans de pareils cerveaux !

UN VIEILLARD, à la tribune,

(Il s'exalte peu à peu.)

Tous les Initiés, aux vieux temps historiques,
Recevaient des clartés plus ou moins chimériques.
Apôtres convaincus, esclaves d'un serment,
Au profane étranger jamais, perfidement,
Ils n'allaient divulguer la doctrine secrète ;
Ils laissaient à la foule, en utile amulette,
Les dieux du paganisme et leurs dogmes vieillis,
Et leurs absurdités, religieux fouillis,
D'où pouvait rejaillir, au milieu du scandale,
Avant les temps chrétiens, l'étincelle morale.
Aux temples de l'erreur, en fourbes généreux,
Ils semblaient adorer le monde ténébreux...
Ils allaient rendre hommage au simple simulacre
Qu'à la divinité le vulgaire consacre.
Et nous voulons tuer, nous, la religion,
Qui sur terre est du bien l'éternel champion,
Où le pauvre d'esprit, aussi bien que le riche,
Devient adorateur, non d'un païen fétiche,
Mais du vrai Dieu, vengeur, rémunérateur...

SATAN, sous une forme humaine.

Non !

LE VIEILLARD,

Dont il faut à genoux prononcer le saint nom !

SATAN.

Que c'est beau ! Que c'est beau ! C'est du plus grand lyrisme.

(Rires.)

LE PRÉSIDENT.

Du cagotisme, soit. Gardez votre athéisme,
Mais n'interrompez pas.

SATAN, invisible.

Athéisme? O crétin!
Moi, du Dieu foudroyant mille fois trop certain.

LE VIEILLARD, s'exaltant de plus en plus.

Si le chef d'un empire a perdu ses croyances,
C'est un infortuné. Si dans les consciences
Il veut porter le trouble ou l'incrédulité,
Ce n'est plus qu'un pervers, riche de cruauté,
Qui, passant par l'absurde et par l'extravagance,
En sa course affolée arrive à la démence.
Parfois dans l'incroyant peut vivre un potentat;
Mais ne vivra jamais un grand homme d'État,
S'il ne voit clairement, malgré son anathème,
Que la Religion est sa force suprême;
S'il n'est très convaincu qu'en tout gouvernement
De la soumission elle est l'enseignement,
S'il ne sait que des gueux l'immense multitude
Aux heureux, engourdis dans leur béatitude,
Ne pardonne un bonheur sur la terre exalté,
Qu'en attendant du ciel, pour une éternité,
Un dédommagement aux misères du monde.

(Rumeur de plus en plus croissante.)

UNE VOIX.

C'est vraiment abuser par trop de sa faconde.
Citoyen président, par simple égard pour vous,
Nous avons toléré cet empereur des fous.
Assez! Trop! Qu'il finisse! Il croit encore au diable!

SATAN, invisible.

Il n'a parbleu! pas tort. Rien n'est moins incroyable.

UNE VOIX.

Quoi! La philosophie a de tels ennemis,
Quand la Religion est passée au tamis,
Que rien, sauf la criblure, absolument n'en reste!

SATAN, sous une forme humaine.

(Haut.)

L'orateur précédent connaissait cette peste,

(Bas.)

Qui peut, seule, sauver l'ignoble genre humain.

UNE VOIX.

De la porte au vieux fou qu'on montre le chemin!

LE PRÉSIDENT, plus emphatique que jamais.

Un homme humanitaire, un foudre d'énergie,
Riche d'une éloquence allant à la magie,
Un proscrit tout de flamme, un lanceur de brandon,
Que n'a déshonoré jamais un vil pardon,
Un tribun populaire à formidable bouche,
Qui ne refrène pas sa verve un peu farouche,
Va parler. Il soulève un flot de vérité.
Hommages, citoyens, à sa sincérité!

LE CITOYEN EXIFIPLAT, à la tribune.

Citoyens, on vous trompe, on est plus qu'hypocrite,
On déchaîne la fourbe, on vous y précipite.
On voudrait resserrer vos horribles étaux,
On vous fait la parade, on dresse des tréteaux;
On veut cabotiner aux jours de république;
On veut les histrions du siècle monarchique.
A moi, vérité franche, à moi de dévoiler
Ce qu'une vaine peur voudrait dissimuler.
— L'homme le plus instruit, l'homme le plus illustre
A-t-il à nos grandeurs plus de droits que le rustre?
La crapule et l'orgie en son âme, souvent,
Des basses passions jettent le dissolvant.
Dans les filles du peuple, infectés de luxure,
Au moral, au physique, avec la pourriture,
Ils sèment la débauche, en récoltant pour eux
La gangrène des mœurs et ses poisons affreux.
Les chiffonniers, toujours, sous leurs infectes hottes,
Sous leurs impurs haillons, des nobles patriotes
Ont le parfum dans l'âme, et leurs corps décharnés
Par d'immondes instincts ne sont pas subornés.
Les va-nu-pieds, tirés des plus infectes crottes,
Doivent avoir des bas, doivent avoir des bottes;
Sur la tête du riche ils doivent les chausser;
Sur son corps-piédestal ils doivent s'exhausser.
Citoyens, attaquons! Cessons de nous défendre!
Aux tigres oppresseurs, à tous il faut apprendre
Le mystère caché du prolétariat,
L'arcane soupçonné par le patriciat.

— Dans son expansion la liberté sublime
Nous rend la tyrannie à son tour légitime.
Contre elle quand un peuple est enfin révolté,
La morale devient une immoralité;
L'injustice suprême est bientôt la justice;
La politique enfin, poétisant le vice,
Rend les *contraires* nuls : le crime est vertueux,
Et la vertu devient le crime monstrueux.

(Explosion d'enthousiasme.)

SATAN, se parlant à lui-même.

Ce n'est vraiment pas mal. L'ignoble bavardage!
Contre le sens commun il guerroie avec rage.
Comme il s'est enivré de mes enseignements!
Je lui garde en enfer de souverains calmants.

LE CITOYEN EXIFIPLAT.

C'est du Nord autrefois que venait la lumière.
C'est du bagne aujourd'hui qu'elle ressort entière.
Puisse-t-elle éblouir de rayons tout-puissants
Les monstres acharnés contre les innocents!
Les siècles ont pesé sur nos destins antiques :
Les heures de vengeance arrivent frénétiques.
A Paris, si terrible et si justement craint,
L'émeute fut toujours des devoirs le plus saint.
L'ancien temps lui légua le noble enthousiasme
Qu'une étincelle enflamme à l'heure du marasme.
Le peuple alors se lève et fournit des héros,
Au besoin transformés en justiciers bourreaux.
Alors le vieux Paris, le pourrissoir fétide,
Le cloaque où le siècle entassait, homicide,
Les mille infections de la putridité,
Résorbe le miasme avec sublimité.
Sycophantes pareils aux têtes à perruques,
Dégoûtants cancrelats, parasites eunuques,
Goules d'humus n'ayant qu'une velléité,
Celle du jésuitisme en notre liberté,
Estomacs parvenus, engeance épileptique,
Geôliers du vieux chaos, monstres à rhétorique,
Puissé-je réunir vos têtes sur un cou,
Et les faire tomber ensemble d'un seul coup!

SATAN.

Bien! Très bien!

LE CITOYEN EXIFIPLAT.

De la mort, aujourd'hui sous séquestre,
Je jouerai, citoyens, moi seul, à grand orchestre,
Musicien terrible aux Français imposant,
En un sublime accord, l'échafaud bienfaisant.
La liberté grandit à l'éclat de ses fêtes.
Abattons au plus tôt un million de têtes;
Tranchons celles surtout dépassant le niveau
Qui doit être abaissé sur le Français nouveau,
Et sur l'Italien, sur l'Espagnol, le Russe,
Et sur les grands d'Autriche, et sur les grands de Prusse
Arrosé par le sang de tyrans odieux,
L'arbre de liberté croit toujours radieux:
Sa racine est avide. Internationale!
O soleil d'avenir, ô lampe sépulcrale,
Dans toute République aux bourgeois se perdant,
Illumine la mort du dernier président.
Ni Dieu, ni saint, ni roi, ni chef, ni grand, ni maître!
Soit de gré, soit de force, ils doivent disparaître:
Au poignard! au poignard! nobles républicains!
Effilez-en la pointe aux flancs des souverains.
L'assassin est un monstre, et non le régicide.
Le régicide tue un despote stupide;
C'est un dieu repoussant dans l'abîme un démon...

(Se reprenant.)

S'il existait un Dieu différent du limon.

SATAN.

Bien!

LE CITOYEN EXIFIPLAT.

Les temps sont venus où le patriotisme
Doit s'élever enfin jusqu'à l'idéalisme.
De la chose publique avocat consultant,
Je ne suis pas un juge à trancher hésitant:
Du saint assassinat l'ange à jamais célèbre
De nos temps me transmit la doctrine funèbre.
Orsini, Pietri, Pianori, Monti,
Agésilas, nommé: Milano, Tognetti.

Six sublimes martyrs de la royale engeance,
Furent, comme assassins, assassinés... Vengeance!
Hœdel, Passanante, Nobiling, Otero,
Moncasi, Solovieff, Hartmann, dernier héros,
Sont les sept précurseurs de notre République;
Ils en ont commencé l'avenir fatidique,
Et Vera Zassoulitch, de sa sublime main,
Voulut le conquérir à tout le genre humain.
L'Europe est avec nous; l'univers nous contemple;
Après avoir donné, suivons au moins l'exemple.
Le nihilisme russe arrive enfin au point
Où celui de la France est pleinement rejoint.
Et l'Irlande, aujourd'hui — jadis Erin la Verte —
D'affamés moribonds, grâce à l'Anglais, couverte,
Cette Erin, en fureur, se déchirant le flanc,
Dans la fange a lâché les écluses du sang!
Irlandais! inventeurs du meurtre hebdomadaire,
Restaurateurs sacrés des lois du code agraire,
Dans les assassinats des fermiers, des bourgeois,
A vous le monopole, à vous les grands exploits!
— Rendons pourtant hommage au Président de Suisse,
Le plus grand démocrate, en Europe, qu'on puisse,
Qu'on ait pu, qu'on pourra, d'hommages entourer.
Dans son modeste emploi lassé de s'abhorrer,
Il se donna la mort; il rejeta la honte
De ces jours conspués que le Roi seul affronte...
Mais au tohu-bohu d'un tel Capharnaüm,
NON LICET OMNIBUS ADIRE CORINTHUM!

— Et maintenant, à vous, fils du socialisme!
De la destruction doublez le fanatisme;
Sonnez partout le glas aux cloches des beffrois;
Les faux et les couteaux feront parler les droits.
Comme vos grands aïeux convertissez en bauges
Et châteaux et palais. Nourrissez dans des auges
L'ancien convive noble. Après ces vils banquets,
Abandonnez sa femme aux amours des laquais;
Jetez vite à l'égout le drapeau tricolore :
Moins d'un siècle a suffi pour qu'il se déshonore.

Prenez le drapeau rouge, et sous ses plis flottants
Abritez des héros, des Hercules-Titans !

(Bas.)

Je crois qu'ils vont agir. Sauvons-nous !

(Il disparait. Applaudissements furieux.)

SATAN, se parlant à lui-même.

Sans conclure,
Alors qu'il a vomi sa dernière imposture !
A moi donc !

(Il bondit à la tribune.)

Citoyens, on vous traite en enfants,
Et pourtant vous foulez sous vos pieds triomphants
Le monde épouvanté de votre insigne rage.
Précipitez-vous donc et semez le ravage.
Aux armes, citoyens ! Tuez, brûlez partout !
Que rien ne vous échappe et ne reste debout !
La Révolution est lasse d'immondice;
La mort va devenir votre heureuse complice :
Elle n'attend que vous. L'incendie y joindra,
Des feux qui de Paris feront un Sahara.

(Il fait entendre la *Marseillaise* qui semble jouée à l'extérieur par une éclatante musique militaire.)

Écoutez, écoutez. Hymne patriotique,
Hymne socialiste, hymne démocratique,
Hymne des révoltés, hymne prestigieux,
Nous entonnons en chœur ton refrain glorieux.

(L'assemblée entière s'unit pour le répéter. Satan la dirige en chef d'orchestre mais il change les paroles de la première strophe, sans qu'on s'en aperçoive au milieu du tumulte.)

Allons, enfants de la ruine,
Le jour de mort est arrivé.
Contre vous de la guillotine
L'échafaud sanglant est levé.
Entendez-vous, vierges de crainte,
Rugir les féroces soldats?
Ils veulent jusque dans vos bras
Adorer chaque fille en Sainte.
Aux armes, citoyens! formez vos bataillons!
Marchons, marchons,
Qu'un sang impur abreuve vos sillons.

(Satan profite d'un moment de lassitude dans l'assemblée pour dire sans chanter.)

Citoyens, descendez dans la place publique!
Descendez dans la rue! Armez la politique!
Sonnez aux carrefours l'immense branle-bas!
A mort vos ennemis! Aux combats, aux combats!

(Cris furieux. L'assemblée se précipite aux portes en criant ; Aux armes!)

Ouf! Je ne fus jamais aussi soul de sottises!
Paris va me devoir de si terribles crises,
Que, si l'on prétendait plus tard les exalter,
Aux vieux jours de Babel il faudrait remonter!
Quelle collection de bandits, de Jocrisses!
Je n'eus jamais besoin de moins grands artifices.
Chez moi sont préparés déjà leurs logements :
Ils vont y commencer d'éternels hurlements.

ACTE V

LES COMBATS

SCÈNE PREMIÈRE

UN CABINET MINISTÉRIEL

UN VIEUX MINISTRE, UN MINISTRE FORT JEUNE.

LE JEUNE MINISTRE. (Il jette avec dédain un rapport qu'il vient de lire.

Émeute! Émeute! Émeute! Oh! qu'elle me harasse!
Nous y pensons bien plus que notre populace.
Par notre artillerie elle a pris en dégoût
Ces fourbes novateurs qui lui promettent tout...
Et ne lui donnent rien, suivant l'usage antique,
Et fort peu solennel du preux démocratique,
Du Don Quichotte orné d'une tête à l'évent,
Qui livre des combats à nos moulins à vent.
La liberté d'ailleurs a des trésors si vastes
Que ne l'appauvrit pas l'erreur d'enthousiastes.
On peut y tolérer quelques faibles abus :
Pour tout dire, ce sont presque ses attributs.
Vous en avez, Monsieur, la peur. . *hyperbolique.*
Chantez : donc, vous paierez, est un mot historique,
A peu près. Mazarin, quand il l'improvisait,
Sur notre temps présent jadis prophétisait.

LE VIEUX MINISTRE.

Une fois, entre nous, mon cher, n'est pas coutume :
De la vérité nue essayons le costume.
Le ciel mit ici-bas une inégalité,
Courbant le genre humain sous un joug détesté.
Qu'un masque en carnaval régénère le monde :
Oh! Mon Dieu! j'y consens; le mal y surabonde;
Les faibles y sont tous anathématisés;
Un milliard d'humains y vivent écrasés.
Pourquoi! je n'en sais rien : le fait brutal existe.
Laissez-donc la chimère au niais qui persiste

A métamorphoser dans la création
Ce qu'y voulut le ciel comme imperfection.
Sans jamais retrancher un jour à la crapule,
Chez nous le scélérat dans l'ordure pulule.
Il recrute l'armée où l'assassin vautré
Du sang d'assassinés est toujours enivré.
Prenez bien garde à vous : Jeune entre les ministres,
Vous ne prévoyez pas les plus certains sinistres.
Avec la grande voix des bataillons épais,
Et non avec des mots, il faut prêcher la paix.
Alors que le soldat le canonne ou fusille,
L'émeutier aux abois s'enfuit et s'éparpille;
Il rentre sous le plomb en ses chenils secrets,
Puis va chercher le calme au fond des cabarets,
Où l'eau-de-vie endort sa turbulente rage,
Comme elle avait sonné ses heures de courage.

LE JEUNE MINISTRE, de plus en plus mécontent.

Vous allez dans la crainte un peu trop loin pour moi.
Tempérez et beaucoup votre amical effroi.

(Un Employé supérieur entre à l'improviste et remet une dépêche.)

L'EMPLOYÉ, très ému.

C'est pressé, très pressé. Dieu! Monsieur le Ministre...

(Le jeune Ministre lit, et change de couleur.)

LE VIEUX MINISTRE, d'un ton railleur.

J'ai trop vite raison! Bien! Vous devenez bistre,
Et vous deviendrez noir. Allons donc! Répétez :
Mon royaume, à l'instant *pour un cheval!* Partez!

LE JEUNE MINISTRE.

L'émeute a commencé. Pour cette multitude
Je n'ai jamais senti moins de mansuétude.
C'est de la liberté! Nous la refrénerons.
La troupe va marcher. S'il le faut, massacrons.

SCÈNE II

UNE IMMENSE PLACE PUBLIQUE sur laquelle débouchent plusieurs rues. Une prison sur un des côtés. Foule. De jeunes ouvriers entrent, en faisant tomber les colonnes du gaz et en cassant les verres.

DEUX JEUNES OUVRIERS, UN VIEILLARD.

UN JEUNE OUVRIER.

La colonne par terre et brisons la lanterne!
Dans la casse on fera tout ce qui la concerne.

Des lampions en l'air, en l'air des lampions !
Non, non, non ! pas d'abus d'illuminations.
On demande la nuit, et la nuit la plus noire,
Et l'on remporte enfin la fameuse victoire.
Cassons ! cassons ! mon Dieu ! que je suis donc content !

UN AUTRE JEUNE OUVRIER.

Ma foi ! je n'en veux plus. Ça devient éreintant.

LE PREMIER JEUNE OUVRIER.

Lâche ! pour la Patrie est-ce ainsi qu'on travaille ?
Il faut punir tous ceux qui nous nomment canaille.

UN VIEILLARD.

C'est né depuis hier : déjà c'est un vaurien !

LE PREMIER JEUNE OUVRIER, d'un ton moqueur.

Oh ! pas du tout, Monsieur, je respecte un ancien !
Papa dit à maman qu'un enfant aussi sage,
Aussi sage que moi, sage comme une image,
Ne pourra s'élever, bien qu'ils en aient grand soin,
Et bien que chaque jour une botte du foin
Dont vous faites choux gras à la sauce piquante,
Lui soit de votre part tout à fait ragoûtante.

LE VIEILLARD, indigné.

Le méchant galopin !

LE PREMIER JEUNE OUVRIER, du ton le plus insolent.

Depuis longtemps, mon vieux,
Ton corbillard est prêt. On te fait ses adieux.
Pourquoi nous déranger ? Va-t'en, loque en guenille,
Avant que nous disions à nos chiens : pille, pille !

(Il lui fait un pied de nez.)

Ici tout est cassé. Merci, mon citoyen,
Allons casser ailleurs.

(Une fusillade éclate dans une des rues ; une autre lui répond. La foule se disperse et se sauve.)

Diable ! ça chauffe bien !

SCÈNE III

M. SOUBAGNE, suivi d'une foule nombreuse d'insurgés, SATAN, UN PRISONNIER.

Grand nombre de condamnés sortant de la prison.

M. SOUBAGNE, devant la prison.

Accourez, citoyens, enfonçons cette porte;
Que chaque prisonnier à l'instant même sorte.
Nous venons supprimer le bagne, la prison :
Nos parents, nos amis y perdent la raison,
Et ne combattent point dans notre camp civique.

(La porte est enfoncée.) (Aucun prisonnier ne paraît.)

La porte cède enfin !... Quelle horrible panique
Empêche nos héros d'entendre le tocsin ?
Ils sont barricadés ! Ils croient à l'assassin !
Frappez-moi les geôliers, et surtout les gendarmes;
Une première fois servez-vous de vos armes.

(Une partie des gardiens et des gendarmes sortent.)

Voilà ces vils bandits, ces scélérats hideux...
Du moins ce qu'il en reste. Enchaînés deux par deux,
Au fond de nos prisons jetez-les tout de suite :
Plus d'un est monarchiste et peut-être jésuite.
S'ils tentaient la révolte ou risquaient des combats,
Vous les massacreriez. Ce sont des Barrabas.

(Les gardiens et les gendarmes sont emmenés. Les prisonniers paraissent.)

Ils arrivent enfin ! La victoire commence.
Nos rangs vont se grossir; le succès est immense.
Embrassez vos amis : ce sont de vrais lions;
Qu'ils prennent des fusils et des munitions.
Ils ignorent encor notre patriotisme.
Qu'ils en sachent par vous le vaste fanatisme.
De sa vie à l'État prêt à faire abandon,
Que chacun nous devienne un hardi compagnon.

(Aux prisonniers :)

Amis, la République en ses bras vous appelle :
Allez : Un Français doit vivre et mourir pour elle.

SATAN, invisible.

(Pendant que la scène continue.)

Et quand la monarchie en laisse le moyen,
Un Français la renverse en noble citoyen.

LE CITOYEN SOUBAGNE.

(Aux insurgés :) (Aux prisonniers, en leur donnant de l'or :)

Partons ! Prenez cet or : il vous est légitime,
Il est à la souffrance une première prime ;
Il est trop mérité par votre long tourment.
Sans vous importuner d'un stérile serment,
A notre hôtel de ville, où sont les sans-culotte,
De sabres, de fusils allez faire ribote ;
Munissez-vous de poudre, et de fer, et de plomb.
Le trépas sous vos coups va devenir fécond...
Nous courons affranchir la dernière victime.

(Il sort, suivi de la foule des insurgés.)

UN PRISONNIER, assassin goguenard.

Tu donnes ce qu'on prend, bavard ! Mais je t'estime.
Nous nous armerons tous, parbleu ! sois-en certain.
Et nous irons combattre... à l'instant ? non, demain,
..... Si dans les coffres-forts nous n'avons fait récolte
De tout ce que nous vaut la plus simple révolte.
Il faut tuer pour vivre... Eh ! eh ! c'est notre état,
Et j'y suis vieux routier. En avant, l'attentat !
C'est le bagne, aujourd'hui, qui va tenir la corde.

(Il rit.)

Ah ! ah ! ah ! ah ! ah ! ah ! Enfin on nous l'accorde,
Tas de crapule honnête ! Au grand jour les hibous !
Travaillons à la gloire en faisant les cent coups !
L'ennemi politique est pour nous le gendarme,
A le saigner à blanc, on trouve un certain charme.

SATAN, invisible.

Patriote assassin, tu me ragaillardis.
Et *plaudite, cives*, c'est-à-dire : maudits.

SCÈNE IV

UN OFFICIER, en reconnaissance, suivi d'un petit détachement, M. LEDRU, SATAN, DIVERS INSURGÉS.

L'OFFICIER.

Personne encore ici.

UN INSURGÉ, caché avec beaucoup d'autres dans une maison voisine et apparaissant subitement.

Nous allons te l'apprendre !

(Décharge générale : tous les hommes du détachement sont tués ou blessés.)

L'OFFICIER.

Plus un homme debout ! Il faudra donc se rendre !

UN INSURGÉ.

Eh ! oui, mon officier. Ici l'on est venu
Pour se faire hacher, mais menu, très menu.

L'OFFICIER.

Plaisanterie horrible !

UN INSURGÉ.

Ah ! on en peut rabattre.
En quatre beaux morceaux... entends-tu bien ? en quatre,
Mais là très gentiment, on peut te partager.

L'OFFICIER, dédaigneusement.

Fi donc ! je n'en cours pas un instant le danger.
Le vrai Français combat, mais jamais il n'égorge.

UN INSURGÉ.

Le vrai Français croit donc aux mensonges qu'il forge ?
As-tu fait ta prière avant d'ouvrir l'abcès ?

L'OFFICIER.

Je suis un prisonnier. Par de lâches excès
Vous êtes cent contre un. Dans le plus grand tumulte
On respecte un vaincu, jamais on ne l'insulte.

UN INSURGÉ.

Mais c'est qu'il est joli ton petit plaidoyer.
En gros comme en détail on te va nettoyer.

L'OFFICIER.

Infernale canaille ! allons ! qu'on me fusille.

UN INSURGÉ.

Pas dégoûté du tout. Attends qu'on te houspille.

(On porte plusieurs coups à l'officier.)

C'est bien bon, n'est-ce pas ?

L'OFFICIER.

Exécrables brigands !

UN INSURGÉ.

Voyez donc ! C'est, ma foi ! le roi des arrogants.

M. LEDRU, qui passait en curieux. Il se jette devant l'officier.

Arrêtez, malheureux ! Fidèle à sa consigne,
Cet homme est innocent.

UN INSURGÉ.

Mais je crois qu'il trépigne.

UN INSURGÉ.

Quel est donc ce bonhomme ?... Eh ! c'est maître Ledru.

M. LEDRU.

Un enfant du peuple.

UN INSURGÉ.

Oui ! Le crapaud si bourru,
Le richard et l'auteur de la fameuse grève,
Qui voudrait maintenir les anciens prix ! Qu'il crève !
Son usine est brûlée avec ses hôpitaux;
Nous allons augmenter encor ses capitaux;
Ma balle en vaut bien un : lèche-toi la babine !

(Il lui tire un coup de fusil.)

M. LEDRU, frappé à mort.

Ayez pitié de moi, grand Dieu ! l'on m'assassine !

(L'officier, M. Ledru et le reste de l'escorte sont massacrés.)

SATAN, sous le costume d'un insurgé.

Bien. Ce sera parfait en vous les découpant.
Tranchez vite la tête à quelque sacripant;
Puis vous la planterez sur une longue perche.

UN INSURGÉ. (Il désigne des hôtels fermés.)

Fouillons dans ces hôtels, faisons-en la recherche.

SATAN.

Tout ce que vous voudrez, on vous le donnera,
Mais, si l'on refusait, pillez... et cætera.

(Les insurgés frappent et sonnent à la porte d'un hôtel dont les habitants se sont enfuis. Ils parviennent ensuite à enfoncer la porte, envahissent l'hôtel, pillent partout, et jettent les meubles par les fenêtres. Ils en sortent avec plusieurs perches au bout desquelles ils placent des têtes de tués.)

(Un autre groupe d'insurgés arrive sur la place en portant un cadavre.)

VOIX, dans la foule.

Aux armes, citoyens! On égorge vos frères.

UN INSURGÉ.

Au combat, au combat! plus de paix mensongères.
Des fusils! des canons! Et des hommes surtout...
Des femmes au besoin. Le sang aux veines bout :
Voyez l'infortuné jeté sur la civière!
Il est là, sous vos yeux, en quête d'une bière,
Pour nous seul il est mort, tué, mais non vaincu.
Vengez-le, citoyens, pour vous il a vécu.
Battez-vous; le soldat est une bête fauve.
Il lui faut la voirie.

SATAN.

Et pas un ne se sauve!
Mais c'est qu'ils vont très bien. Je suis enchanté d'eux.
Ce bon peuple est parfait... Au ciel on dit : hideux.

UN INSURGÉ.

En marche, les amis. On égorge vos frères!
Entendez le tambour. Les plus vils mercenaires
Veulent gagner leur paye en tuant des héros;
Si nous leur faisions grâce, ils seraient nos bourreaux.

(Le cortège se met en marche. Une forte fusillade se fait entendre.)

VOIX, dans la foule.

Sauve qui peut ! malheur à qui n'est pas ingambe !
La troupe est par là-bas ; fuyez à toute jambe !
Trop de risques ici. Le vrai républicain
Ne doit pas s'exposer, comme un simple faquin.

(Ils se sauvent, en abandonnant le cadavre.)

SCÈNE V

SATAN, sous le costume de LAROSE, M. BIRBONE, Mme JOLICŒUR, DEUX OFFICIERS, UN SOLDAT. Troupe nombreuse d'insurgés, hommes et femmes.

M. BIRBONE.

Femmes fortes, allons ! Pensez à Jeanne Hachette,
Pensez à Jeanne d'Arc. Honte à la femmelette !
En avant ! Au combat poussez-moi vos maris,
Vos amants et vos fils. Ils semblent ahuris,
Vous les entraînerez. Au jour de la bataille,
Pas une d'entre vous ne songe à la mitraille.
Il nous faut arracher le bon peuple aux brigands.
Sur la troupe fondons en mortels ouragans.

(La fusillade commence.)

Bravo ! Bravissimo ! Les femmes sont sublimes.
Feu ! contre les soldats. Ils sont tous noirs de crimes.

LAROSE (SATAN).

En avant, Jolicœur ! Avec le commandant,
Massacre le soldat. Œil pour œil, dent pour dent.
Que partout la tuerie amène la victoire
On reconnaît le peuple au jour expiatoire.

(Jolicœur est frappé à mort.)

Mme JOLICŒUR, devenant furieuse.
(Aux soldats :)

Jolicœur est tué !... Tuez-moi maintenant,
Scélérats ! Assassins... Non, non, donnant, donnant.

Pas de crédit pour vous. Il me reste ce sabre.

(Elle s'élance vers les soldats, et tue le commandant par surprise en lui enfonçant son sabre au ventre.)

L'OFFICIER, en tombant.

Juste ciel !

Mme JOLICŒUR, tuant un autre combattant.

Encore un !

(Les soldats la saisissent et la désarment. Elle se débat de plus en plus furieuse.)

UN SOLDAT, qui finit par la dompter.

Ah ! la coquine se cabre.

LES FEMMES.

Tu ne seras pas seule, et nous te vengerons.

(Elles tuent le soldat qui retenait Mme Jolicœur et plusieurs autres à ses côtés.)

LE SOLDAT, en tombant.

Ah ! Dieu ! mon capitaine !

LES FEMMES.

Et nous massacrerons
Le dernier survivant de cette infâme troupe.

UN AUTRE OFFICIER, qui a pris le commandement.

Allons ! saisissez-les.

UN SOLDAT.

Et donnons-leur la soupe.
Vous voulez en goûter? mais il faut la payer.

L'OFFICIER.

Frappez les hommes ! Bien ! Sans vous apitoyer,
Rassemblez ce troupeau de soldats porte-jupes ;
En tombant sous leur plomb, nous sommes par trop dupes.
Contre ce petit mur, mettez-les à genoux.
Ne perdez pas de temps ; soldats, dépêchons-nous.
Ces gueuses pour se battre ont déserté l'aiguille.
Toutes sur un seul rang ! Et qu'on me les fusille.

(M. Birbone disparait.)

UNE FEMME.

Oh ! quel tigre ! quel tigre : il nous dévorera.
Lâches, lâches, tirez ! Lâches, lâches, hourra !

L'OFFICIER.

Elles ont massacré notre bon capitaine,
(Aux soldats:)
Et dix soldats au moins! Allez à la centaine!

UNE FEMME.

« Mourir pour la patrie est le sort le plus beau! »

UNE AUTRE FEMME.

Nos hommes vous tueront près de notre tombeau,
(Elles cachent leur tête dans leur tablier. Décharge générale qui les tue.)

L'OFFICIER.

Allons! mes bons soldats, du coup la place est nette,
En marche! Il faut montrer ailleurs notre épaulette
La guerre est révoltante alors que l'ennemi
Par les bouches d'égout contre nous est vomi.
Faisons notre devoir. Il faut double courage
En livrant ces coquins et ces fous au carnage.
En marche!

SATAN, invisible.

Très gentil, ce petit jouvenceau :
Le sang, grâces à lui, va faire un beau ruisseau.
(Le restant des insurgés s'est enfui.)

SCÈNE VI

L'ARCHEVÊQUE DE PARIS, SATAN, DIVERS INSURGÉS.

Un certain nombre de prêtres paraissent entourés d'insurgés, formant une double haie. L'archevêque est en tête.

UN INSURGÉ.

Ah! les prêtres! Pour eux le martyre a des charmes.
Chacun son goût. On va les passer par les armes.

UN AUTRE INSURGÉ.

Ils détestent le peuple. En mauvais citoyens,
Ils veulent l'enchaîner. Ils en ont les moyens,

Ils se fourrent partout. Oh! quelle race abjecte!
Quand on entre à l'Église, il faut qu'on les respecte!

L'ARCHEVÊQUE.

Ou prêtre, ou citoyen, j'aimai le peuple...

UN INSURGÉ.

Toi!

L'ARCHEVÊQUE.

Et j'ai toujours aimé la liberté, la loi...

UN INSURGÉ.

Ta liberté n'est pas la nôtre. Tu m'embêtes!

L'ARCHEVÊQUE.

C'est vous qui m'amenez dans vos lugubres fêtes.

UN INSURGÉ.

A nous notre métier : à toi, cafard, le tien.

L'ARCHEVÊQUE.

En vous parlant ainsi, je fais encor le mien,
Et le continuerai, même un pied dans la tombe.
Si Dieu le veut, Enfants, qu'à l'instant je succombe.
A ses pieds adorés, pécheur, j'apparaîtrai;
Victime d'un forfait, je le désarmerai...
Et peut-être sur vous ses coups inexorables,
Quand je le supplierai, seront moins implacables.
Il en est temps encor. Tombez tous à genoux!
Pour vous-mêmes craignez d'affronter son courroux.
Enfants, l'éternité des horreurs infernales
Du crime châtieront toujours les saturnales.
Si, comme assassiné, j'arrive au Tout-puissant,
Il vous fera payer, goutte à goutte, mon sang,
Et moi, je vous devrai la divine auréole
Accordée au martyr que le payen immole.

UN INSURGÉ.

Tu nous ferais la queue! Ah! c'est fort de café.

UN INSURGÉ, moins illettré.

Paie au plus juste prix les vieux auto-da-fé.

Ce n'est vraiment pas cher.

UN INSURGÉ.

Il faut qu'on se résigne.
Meurs donc!

L'ARCHEVÊQUE.

Comme à Paris, un Archevêque indigne
Doit mourir désormais. Mais il ne se rend pas;
Il doit encor bénir à l'heure du trépas.

SATAN, invisible.

La Courtille descend aujourd'hui sanguinaire.
Superbe mardi-gras révolutionnaire.

UN INSURGÉ.

Je te l'ai déjà dit, tu m'embêtes beaucoup.
L'Insurgé le meilleur est moins tendre qu'un loup.
Nous te ferons bientôt, mon vieux, des funérailles
Bien dignes d'un grand peuple, et de tes monacailles.
Chaque pou de leurs corps a conquis le beau droit
De lancer à leur face un crachat ferme et droit.
...Nous sommes arrivés. A genoux, la vermine!
Comment! jusques au bout ils feront bonne mine!

VOIX DANS LA FOULE.

A mort! A mort! A mort! tous ces prêtres fringants,
Ces coquins, ces bandits, ces monstres, ces brigands.
Qu'est-ce donc qu'on marmotte au milieu de l'escorte?
Des prières, je crois. Le diable les emporte!

SATAN, invisible.

Je le voudrais bien.

LE CHEF DE L'ESCORTE.

Feu!

(Décharge générale. Plusieurs prêtres ne sont que blessés.

Les femmes hacheront.

L'ARCHEVÊQUE, avant de mourir.

Pardonnez-leur, Seigneur. Savent-ils ce qu'ils font?

(Les insurgés et les femmes surtout se jettent sur les mourants et les achèvent.)

SATAN, sous la forme d'un insurgé.

Les femmes ! Allons donc ! En avant la bamboche.
Il vous faut les manger tout rôtis à la broche.

LES FEMMES.

Non ! non !

SATAN.

Soit. Pour vos chiens prenez-en des quartiers,
Et jetez-en un peu dans tous les bénitiers.

LES FEMMES.

Non !

SATAN.

Au fait, c'est mauvais, mesdames les friandes ;
Il vous faut pour rôtir de meilleures viandes.

(Il redevient invisible.)

Les charmants scélérats ! Jamais loup enragé,
A travers les troupeaux, a-t-il mieux ravagé ?
Mais ce n'est pas assez : cette absurde prêtraille
M'échappe en succombant aux coups de la canaille,
Et la voilà déjà montée au rang des saints.
Bah ! j'aurai les bandits, j'aurai les assassins.

(La place se vide.)

SCÈNE VII.

M. DELÉTAIRE, M. BIRBONE, SATAN.

Toute l'armée des insurgés. Grand nombre d'étudiants autour de M. Delétaire.

M. DELÉTAIRE, en élevant la voix.

Grand peuple, Étudiants, Proscrits de la justice,
Pour la dernière fois nous entrons dans la lice :
Nous touchons au triomphe. A peine disputé,
Il est sûr, en domptant la moindre lâcheté.
Citoyens, nous vaincrons une troupe invincible.
A nos fusils vengeurs elle a servi de cible,

Alors que nous frappions en conscrits hésitants.
Nous sommes aujourd'hui solides vétérans.
Patriotes sans peur et sans miséricorde,
Nous refusons l'appel à la fourbe concorde :
Si nous ne massacrons, on nous massacrera;
Sous prétexte de grâce, on nous égorgera.
Écoutez sans remords la fureur homicide :
En ce moment terrible elle seule décide
Le combat engagé pour l'affranchissement;
Élevez le courroux jusqu'à l'enivrement.
Gendarmes et soldats, séides monarchiques,
Dans chaque petit poste, aux mains démocratiques,
Payèrent leur impôt d'exécrables geôliers.
Nous étions dix contre un. Ils étaient des milliers :
Il n'en est plus un seul. Notre patriotisme
De l'intrépidité doublait le fanatisme.
Une armée est lancée aujourd'hui contre nous.
C'est l'heure, citoyens, dont nous sommes jaloux.

(Il indique une des rues aboutissant à la place.)

Mais la troupe apparaît, lugubrement féroce;
Et croit nous dissiper à simples coups de crosse !
Vive la République ! A ces enfants perdus
Envoyons notre plomb : ils y sont tous vendus.

SATAN.

Voyez le beau parleur ! Vraiment, il *pindarise.*
Je lui garde à l'instant sa plus grande surprise.

M. DELÉTAIRE.

Sur le soldat vaincu nous nous élancerons;
Jusqu'au dernier d'entre eux nous l'exterminerons.

(La bataille s'engage.)

Les braves, en avant ! Encore une décharge;
En avant ! la trouée est cette fois bien large;
Vos pâles ennemis, devant vous tout tremblants,
Vont rouler sous vos pieds leurs cadavres sanglants.
Pas d'hésitation ! De cette troupe immonde,
Débarrassez Paris, débarrassez le monde.
Courage, citoyens ! Ne voyez pas tomber
Les nobles combattants qui doivent succomber.

Déjà le démocrate, en éclatant mirage,
Voit la magique palme offerte à son courage.
Notre France a crié ! Sa formidable voix,
De la poudre et du fer a proclamé les droits.

(Après un long combat, la troupe semble faiblir.)

En avant, citoyens ! Votre ennemi recule ;
Il faut l'anéantir sans le moindre scrupule :
Pour la patrie en deuil, splendide débarras !
Vous avez immolé d'horribles scélérats.
Redoublez le carnage, entassez les victimes.
Plus vous massacrerez, plus vous serez sublimes.
D'aussi vils assassins abattez les derniers.
Vous êtes affamés de généreux charniers.

(La bataille se prolonge et devient de plus en plus furieuse. Tout à coup, une partie des insurgés prend la fuite.)

Ah ! nous sommes perdus. Cette fuite infernale
Viendra stériliser notre dernière balle.
Les lâches nous perdront au suprême moment.

(Des insurgés s'approchent.)

Mes fidèles, à moi ! Vite ! au Gouvernement !
Allumez le pétrole à tous les édifices :
Les flammes aujourd'hui vont nous être propices.
Tout ce qu'on envia, tout ce qu'on adora,
Dans la ruine en cendre on le dédaignera.
Nous sommes de Paris les vrais propriétaires;
C'est le bien qu'on dérobe aux pauvres prolétaires.
Le feu, notre vengeur, en votre sûre main,
Doit se frayer partout un sépulcral chemin.

(Le combat continue. M. Birbone apparaît, suivi d'un faible détachement.)

L'infâme Ribaldot, pendant que l'on nous hache,
Dans quelque asile sûr en ce moment se cache.
Je voudrais l'égorger !

M. BIRBONE.

Si je n'avais tiré
Ma balle au préalable à ce pestiféré.

(Les édifices de Paris sont incendiés.)

SCÈNE VIII.

LES PRÉCÉDENTS, RIBALDOT, SATAN, sous le costume qu'il prend avec ce dernier.

SATAN, perfidement.

Très bien ! Notre victoire en ce moment s'annonce;
Comme un coin acéré, dans la troupe s'enfonce
La bande de vauriens devenus des héros.
Mieux vaudrait rencontrer de furieux taureaux.

M. RIBALDOT, très ému.

Vous êtes excellent. De ce qui me regarde
Vous vous occupez trop. Enfin je me hasarde;
Par votre seul conseil, je me présente ici.

SATAN.

N'êtes-vous pas toujours mon suprême souci ?

M. RIBALDOT, de même.

A cette heure sonnant notre victoire auguste,
Pour la première fois, il était plus que juste
D'apparaître au combat qui doit la décider.
Et vous pouviez, vous seul, me le persuader.

SATAN.

Mais je vous tiens, mon cher, pour homme de courage.

M. RIBALDOT.

J'entends siffler la balle autour de mon visage.

SATAN, tirant des coups de revolver.

Bah ! aurait-on fondu celle qui nous attend ?
Ce serait grand hasard... Nous verrons dans l'instant.
Vous avez dédaigné le fusil de bataille...

(Bas.) (Haut.)

Grâce à moi. C'est parfait, allons ! Vaille que vaille
De votre revolver déchargez les six coups;
Tirez ! Recommencez ! Demain nous serons doux,

Féroces aujourd'hui! Faites-vous bien connaître.
La cartouche en avant! Des balles soyez maître;
J'en conserverai deux, pour un cas fortuit :
Elles ne tueront pas à titre gratuit.
La trompette bientôt sonnera la fanfare;
Le succès vous attend, le succès le plus rare...
Le triomphe plutôt! Aux vaincus vos mépris!
De vos nobles efforts vous recevez le prix.
Pour nous deux quel bonheur, et pour moi quelle gloire!
Je vous ai par la main conduit à la victoire...

(M. Ribaldot obéit machinalement et épuise ses munitions. Le feu est mis à tous les monuments. L'émeute est vaincue. MM. Delétaire et d'autres continuent à se battre.)

Par l'enfer, je me trompe! Ah! nous sommes à bout.
Affreuse débandade! On massacre partout.
Nous sommes écrasés. Birbone et Delétaire
Sont encore vivants, mais après cette guerre,
Ils vous dénonceront, en bons républicains.
Vous vouliez les tuer; supprimez ces coquins.

M. RIBALDOT, montrant son revolver.

Plus de balles!

SATAN.

J'en ai. Voulez-vous que je tire?..
En votre nom, s'entend?

M. RIBALDOT.

Mais cela va sans dire.

SATAN.

(Il décharge son revolver sur Birbone et sur Delétaire et les tue.)

Ils sont morts. J'ai tiré sur eux mes derniers coups.
D'un sommeil d'innocence allez dormir chez vous.
Ma balle, n'est-ce pas, est tout à fait aimable?
De celle d'aujourd'hui vous êtes responsable.

M. RIBALDOT.

Sauvons-nous maintenant. Je sens venir l'effroi.

SATAN.

(Il le fait tuer par une balle qu'il détourne.)

L'imbécile! Il se crut plus habile que moi.

(Massacre épouvantable des insurgés.)

SCÈNE DERNIÈRE

SATAN.

Vingt milliers de tués ! Un assez joli nombre ;
Mais c'est loin d'être assez pour que l'Enfer s'encombre.
Dans dix ans de ce jour, les *bons* Parisiens
Verront qu'aujourd'hui même ils sont Béotiens.
Des plus grands scélérats les crimes formidables,
N'étant plus que des jeux dès longtemps agréables,
Grâce à mes Benjamins, les seuls honnêtes gens
Connaîtront l'échafaud. Oh ! bourgeois obligeants !
Vont-ils développer l'horrible populace
Qui rend la politique aux voleurs efficace ;
Et dans les fonctions à gros émoluments,
Vont-ils poétiser les plus vils garnements !
De sainte République ils prendront les sectaires,
Pour faire à qui mieux mieux le métier de corsaires,
Et la vertu, l'honneur, étant pris dans mes lacs,
Du vieux patriotisme on sonnera le glas.
De la Religion, leur suprême ressource,
Les grands hommes du jour veulent tarir la source !
Merveilleux idiots ! Mes complices fervents !
Plus que moi dans le mal ils se montrent savants.

(Une pause.)

Non ! la Religion, enfin lasse de crimes,
Par la foi combattra le combat des victimes,
Et je serai, moi, l'ange autrefois radieux,
Rejeté dans l'abîme en vaincu furieux.

FIN DU CINQUIÈME ACTE

TABLE DES MATIÈRES

ERRATA

Page 21, ligne 9, *au lieu de :* Empâte, *lire :* empâté.

— 37 — 16 — figugée, — figuré.

— 63 — 29 — tuerai, — tuerais.

Page 74, ligne 19, *au lieu de :* si provoquant toujours, *lire :* si propre à déchaîner.

Page 76, ligne 24, *au lieu de :* qu'on fricasse, *lire :* qui trépasse.

Page 89, ligne 8, *au lieu de :* supérieures, *lire :* suprêmes.

Paris. — Typ. Pillet et Dumoulin, 5, rue des Grands-Augustins.

www.ingramcontent.com/pod-product-compliance
Ingram Content Group UK Ltd.
Pitfield, Milton Keynes, MK11 3LW, UK
UKHW020224220726
13923UKWH00002B/503

9 782019 477745